AF287900

Siegmar Junker

Orgelimprovisation 1

Mit freundlicher Unterstützung

der Brauerei Bischoff, Winnweiler
der Firma Musik Müller, Kaiserslautern
der Orgelbaufirma Klais, Bonn
der Technischen Werke Kaiserslautern

Siegmar Junker

Orgelimprovisation 1
Eine Einführung in die Grundlagen

BONIFΛTIUS

Bibliografische Information Der Deutschen Bibliothek

Die Deutsche Bibliothek verzeichnet diese Publikation in der Deutschen Nationalbibliografie; detaillierte bibliografische Daten sind im Internet über http://dnb.ddb.de abrufbar.

Umschlaggrafik: Christian Knaak, Dortmund

Satz: Rainer Abraham, Notenwert GbR, Mantinghausen

ISBN 978-3-89710-402-0

4. Auflage 2019

© 2008 by Bonifatius GmbH Druck · Buch · Verlag Paderborn

Gesamtherstellung:
Bonifatius GmbH Druck · Buch · Verlag Paderborn

FSC
www.fsc.org
MIX
Papier aus verantwortungsvollen Quellen
FSC® C011558

Klimaneutral
Druckprodukt
ClimatePartner.com/53323-1907-1008

Inhaltsübersicht

Vorwort

Die vorliegende Improvisationsschule ist für den Anfangsunterricht gedacht.

Mit fortschreitendem Inhalt soll der Lernende an die Grundlagen der Orgelimprovisation herangeführt werden, die Bedingung sind, um einen eigenen Weg als Improvisator zu finden. Vorausgesetzt werden keine theoretischen Kenntnisse, sondern nur spieltechnische Fähigkeiten eines Organisten, der eine Klavierschule abgeschlossen hat und die Anfänge des Orgelspiels beherrscht. Die Schule eignet sich für den in der Ausbildung befindlichen Organisten ebenso wie für den Organisten, der schon jahrelang seinen Dienst versieht und sich im Selbststudium weiterbilden will.

Ich danke besonders dem Bonifatius Verlag mit Herrn Dr. Michael Ernst, der den Bedarf einer solchen Schule für die Ausbildung des nebenamtlichen Organisten gesehen hat und sich zur In-Verlagnahme entschlossen hat.

Ganz herzlich danke ich auch meinen lieben Kollegen, Christian von Blohn, Heike Scholz und Winfried Lichtscheidel für ihre Anregungen und für die wertvolle Hilfe bei den Korrekturarbeiten.

Kaiserslautern, im Herbst 2007
Siegmar Junker

Einleitung

Der Aufbau der Improvisationsschule

Da das theoretische Verständnis der klassischen Harmonie- und Formenlehre für die Orgelimprovisation unverzichtbar ist, bringt die vorliegende Schule die Inhalte der Harmonielehre in Verbindung mit der Improvisation der traditionellen Formen der Orgelmusik.

Ausgangspunkt ist die durmolltonale Musik, die wir täglich erleben, und die in den klassischen Harmonielehren dargestellt wird. Der Aufbau der gängigen Harmonielehren, die im Unterricht verwendet werden, orientiert sich unausgesprochen am Chorsatz bzw. am Lied. Die Abfolge der harmonischen Inhalte der vorliegenden Schule richtet sich demgegenüber nach den Gegebenheiten der Orgelmusik. Im ersten Band werden die Dreiklänge, die sich über der Dur- und der Molltonleiter ergeben, vorgestellt. Weil für den Improvisator die Umsetzung ins Spiel entscheidend ist, folgt den Inhalten der Harmonielehre eine praktische Anwendung in der Liedharmonisation. Die gewonnenen Fähigkeiten werden in der Improvisation einer einfachen Form der Orgelmusik vertieft. Dabei werden nur die vorgestellten Inhalte vorausgesetzt.

Für die selbstständige Weiterbildung ist die Analyse von Orgelliteratur unverzichtbar. Um die Fähigkeit zu entwickeln, eine harmonische Funktion zu erkennen, werden im ersten Band die klassischen Möglichkeiten der musikalischen Gestaltung innerhalb einer Tonart (Kadenz und Sequenz) bzw. die Möglichkeit, die Tonart zu verlassen (Zwischendominanten), in der Grundstellung eingeübt. Die Umkehrungen und die charakteristischen Dissonanzen, die als Verfeinerung des Satzes angesehen werden, werden im zweiten Band vorgestellt.

Zur Didaktik der Improvisationsschule

Der vorliegende Band will Schritt für Schritt an die Inhalte der Orgelimprovisation heranführen. Sie werden möglichst einfach und knapp am Anfang eines jeden Kapitels dargestellt. Konkrete Arbeitsanweisungen sollen dem Schüler bei der Umsetzung ins Spiel helfen. Alle Arbeitsschritte werden in einem Notenbeispiel vorgeführt. Der Kern der Arbeitsschritte wird unter dem Notenbeispiel nochmals beschrieben. Es folgen Übungsbeispiele für die Liedharmonisation und die Anwendung in den traditionellen Formen der Orgelmusik.

Einführung in die Orgelimprovisation

Grundlagen 1

Die Hinführung

Das Tonsystem des Abendlandes selektiert Töne und grenzt Geräusche oder geräuschähnliche Phänomene wie Knalle oder Gleitsequenzen bis ins 20. Jahrhundert aus. Von den Faktoren, die einen Ton bestimmen, wie Tondauer, Tonstärke, Tonfarbe, ist für die Ordnung im Tonsystem nur die Tonhöhe bestimmend.

Einen ersten Anhaltspunkt zur Ordnung des Tonsystems bietet die Oktavidentität, d. h. alle Töne, die zu einem Ton im Schwingungsverhältnis 1:2 stehen, empfindet unser Ohr als nahezu identisch. Deshalb wird ein Tonsystem durch die Einteilung der Oktave charakterisiert. Das Tonsystem, das heute noch auf der Orgel in Gebrauch ist, ist in zwölf Halbtöne eingeteilt, sie bilden das Tonmaterial.

Werden Töne in Beziehung zueinander gebracht, so werden sie zum musikalischen Informationsträger. Von den zwölf Tönen des Tonmaterials werden nur sieben Töne ausgewählt und in Zusammenhang gestellt, dieses Bezugssystem wird Tonalität genannt. Nicht alle sieben Töne sind von gleicher Bedeutung. Werden die sieben Töne der Tonhöhe nach geordnet, so ergibt sich eine Tonleiter, bei der der Ausgangston nach unserem Empfinden der wichtigste ist. Alle anderen Töne der Tonleiter werden in Beziehung zum Ausgangston, dem Grundton, verstanden.

In der Musik des 18. und 19. Jahrhunderts wurden die Durtonleiter und die Molltonleiter bestimmend, deshalb wird das Bezugssystem Durmolltonalität genannt. Bei der Darstellung des Tonmaterials, den Tonleitern, wird in der Regel beim Ton c begonnen.

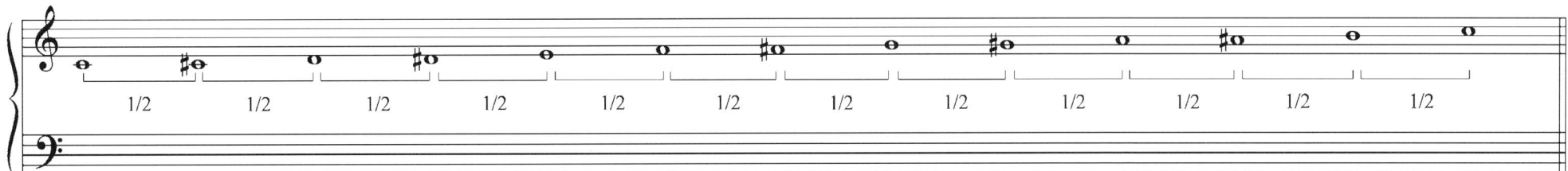

Beispiel 1: Die Materialzusammenstellung vom Ton c beginnend und der Tonhöhe nach geordnet = die chromatische Tonleiter mit 12 Halbtonschritten (1/2).

Vom gesamten Tonmaterial, das zur Verfügung steht, wurde in der abendländischen Musik nur eine Auswahl von sieben Tönen in Beziehung gesetzt. Werden die sieben Töne der Tonhöhe nach geordnet, so ergibt sich eine Tonleiter mit Ganztönen (1) und Halbtönen (1/2).

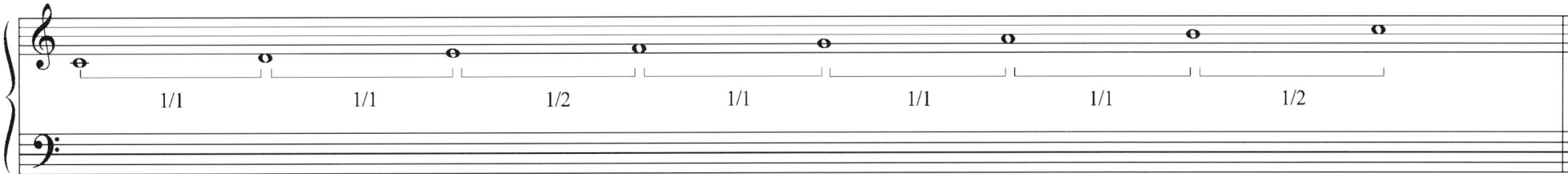

Beispiel 2: Die Auswahl der Töne, die für die abendländische Musik bestimmend war, beginnend mit dem Ton c, der Tonhöhe nach geordnet.

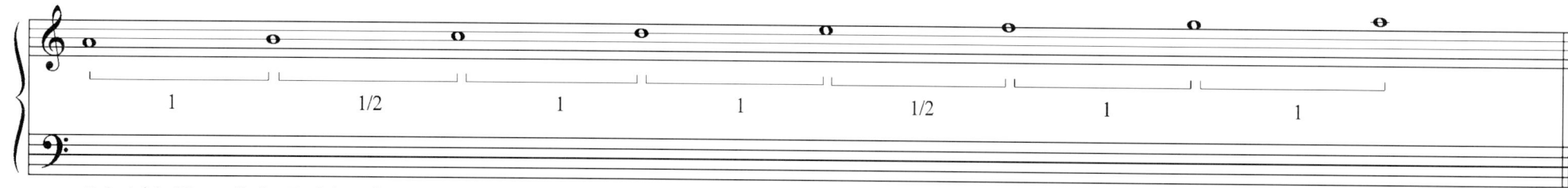

Beispiel 3: Die aeolische Tonleiter, die später zur Molltonleiter wurde.

Im 9. Jahrhundert entstand aus der Verbindung von gregorianischem Choral und Musizierpraktiken auf der Orgel die Mehrstimmigkeit. Eine zweite Stimme wurde zum gregorianischen Choral in parallelen Quinten mitgeführt. Durch die langsame Verselbstständigung der Stimmen und die Zunahme der Stimmigkeit entwickelte sich bis ins 17. Jahrhundert das durmolltonale System.

Im durmolltonalen System wird das gleichzeitige Erklingen von drei Tönen im Terzabstand als für das menschliche Ohr besonders wohlklingend wahrgenommen. Dieser Klang mit drei Tönen gilt als die reduzierteste Form des mehrstimmigen Zusammenklanges. Der Dreiklang kann auf jeder Stufe der Tonleiter gebildet werden.

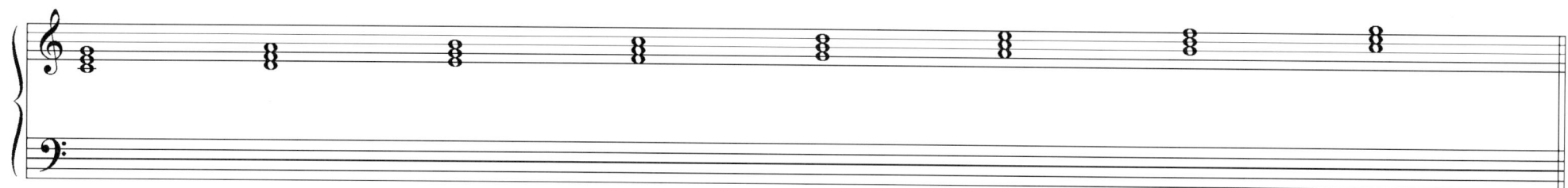

Beispiel 4: Die Dreiklänge über jeder Stufe der C-Dur-Tonleiter.

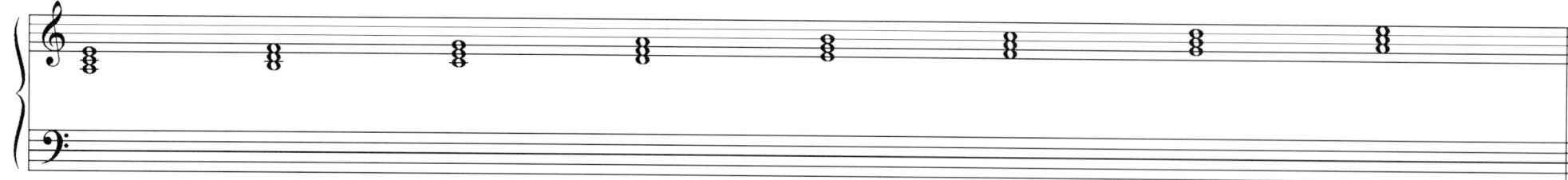

Beispiel 5: Die Dreiklänge über jeder Stufe der a-moll-Tonleiter.

Musikalische Theorien

Die Stufentheorie – Die Funktionstheorie

Um Musik näher erklären und verstehen zu können, haben sich im Laufe der Musikgeschichte verschiedene Erklärungsmodelle (Theorien) entwickelt. Von diesen Theorien haben sich bis heute die Stufentheorie und die Funktionstheorie durchgesetzt. **Die Stufentheorie unterscheidet Akkorde nach den Stufen der Tonleiter.** Das alte europäische System bezeichnet die harmonischen Stufen mit römischen Zahlen. Das angloamerikanische System verwendet römische Zahlen in Großschreibung für Durakkorde und in Kleinschreibung für Mollakkorde.

   Die Funktionstheorie beschreibt die Beziehung und die Bedeutung von Akkorden innerhalb der harmonischen Gesamtheit. Die Akkorde werden mit Buchstaben in Großschreibung für Dur und in Kleinschreibung für Moll beschriftet. Im Folgenden werden harmonische Phänomene mit der funktionstheoretischen Abkürzung und mit der stufentheoretischen Abkürzung bezeichnet.

Die Tonika T, t, (I, i)

Die Dreiklänge über den sieben Stufen der Tonleiter sind von unterschiedlicher Wichtigkeit. Anfang und Endpunkt bildet **der Dreiklang über der ersten Stufe,** er **wird Tonika genannt** und ist der wichtigste von den sieben Dreiklängen. Handelt es sich um einen Durakkord, so wird er mit dem großen Buchstaben T abgekürzt, erscheint die Tonika als Mollakkord, so wird sie mit einem kleinen Buchstaben t beschrieben. In der neuen (angloamerikanischen) Stufentheorie wird die Durtonika mit I und die Molltonika mit i abgekürzt. Das Sichentfernen von der Tonika bedeutet Spannung, das Zurückkehren zur Tonika bedeutet Entspannung. **Die Tonika bildet den zentralen Bezugspunkt.** Tonikafunktion im weitesten Sinne hat jeder Akkord, der die harmonische Spannung des vorhergehenden Akkordes abbaut oder auflöst.

Die vierstimmige Darstellung

Das gleichzeitige Erklingen von drei und mehr Tönen wird als Akkord bezeichnet. Beim dreistimmigen Akkord handelt es sich um die reduzierteste Form. **Durch den Einfluss der Vokalmusik** mit den Stimmen Sopran, Alt, Tenor und Bass **entwickelte sich der viersimmige Satz auch auf der Orgel zum Ideal.** Die Vierstimmigkeit wird durch die Verdoppelung eines Akkordtones erreicht. Der Grundton wird wegen seiner stabilisierenden Wirkung vorzugsweise verdoppelt. Ist dies aus satztechnischen Gründen unmöglich, wird die Quinte auf Grund des nächst höheren Verschmelzungsgrades verdoppelt. Erlaubt die Satzführung weder die Verdoppelung des Grundtones noch der Quinte, so kann die Terz verdoppelt werden.

Die Oktavlage, Terzlage, Quintlage

Der Begriff „Lage" wird für unterschiedliche Phänomene verwendet. **Mit dem Zusatz Oktav-, Terz-, Quint-(lage) wird u. a. der Abstand der Oberstimme zum Grundton des Akkordes benannt.** Der Begriff „Lage" bezieht sich also auf die Oberstimme.

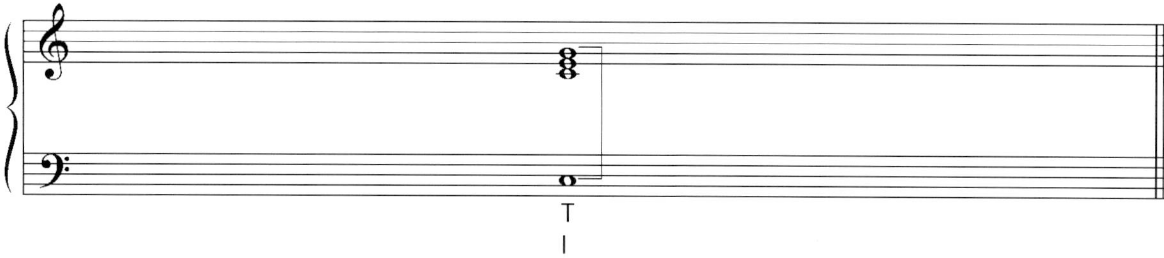

Beispiel 6: Der Grundton des C-Dur-Akkordes wird in der Unterstimme verdoppelt. Der Ton g in der Oberstimme bildet zum Grundton c eine Quinte, der Akkord ist in der Quintlage dargestellt.

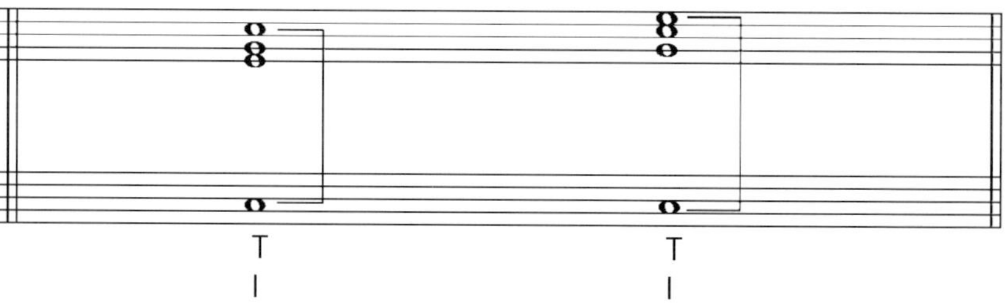

Beispiel 7: Die Töne c und e in der Oberstimme bilden zum Grundton c eine Oktave und eine Terz, die Akkorde sind in Oktavlage und Terzlage dargestellt.

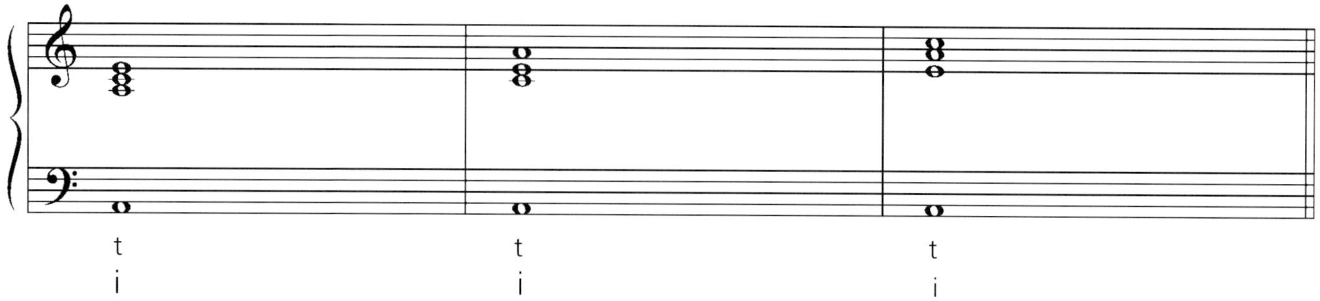

Beispiel 8: Der vierstimmige a-Moll-Akkord in Quint-, Oktav- und Terzlage.

Die Bewegung – Die Melodie

Der (Tonika-)Dreiklang wird von unserem Ohr als unmittelbare Einheit wahrgenommen, die wir als Wohlklang empfinden. Werden die Töne des Dreiklangs in Bewegung gesetzt, so entsteht Melodie. Um den Tonikadreiklang in Bewegung zu setzen, müssen die Töne einen Weg gehen, sie erklingen nicht gleichzeitig, sondern nacheinander.

Beispiel 9: Die Töne des Tonikadreiklangs erklingen nacheinander, sie gehen einen Weg, Melodie entsteht.

Der Lagenwechsel

Die Energie des entfächerten Dreiklangs kann verstärkt werden, indem die drei fehlenden Töne der dazugehörenden Harmonie unterlegt werden. Die Melodie besteht aus Übergängen in eine andere Lage. **Lagenwechsel ist der Übergang von einer Lage in eine andere bei gleichbleibender Harmonie.**

Übung 1   *Üben Sie den Lagenwechsel in C-Dur und a-Moll.*

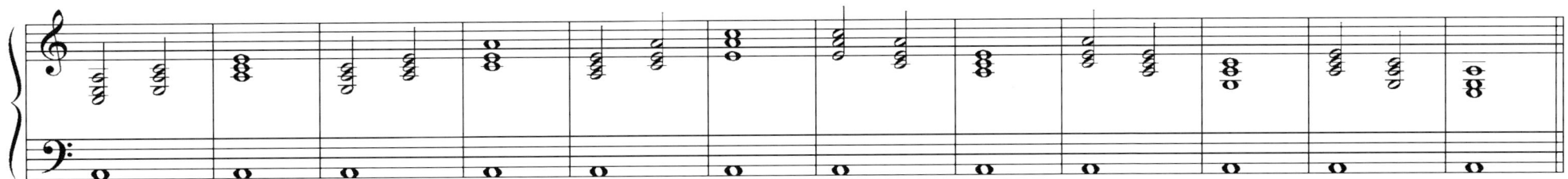

Beispiel(e) 10: Der Lagenwechsel.

Der viertaktige Satz

Bewegung ist ein Urprinzip von Musik und Form. Bewegt sich die Melodie vom Grundton weg und findet wieder zurück, so entsteht Form. **Der Satz ist die kürzeste geschlossene Sinneinheit mit der Länge von vier Takten.** Der Begriff „Satz" ist aus der Sprache entlehnt.

Übung 2   *Harmonisieren Sie die viertaktigen Melodien, die nur aus Lagenwechseln bestehen, indem Sie die beiden Mittelstimmen (Alt und Tenor) ergänzen.*

Beispiel 11: Die zweistimmige Vorlage
mit Oberstimme und Unter-
stimme.

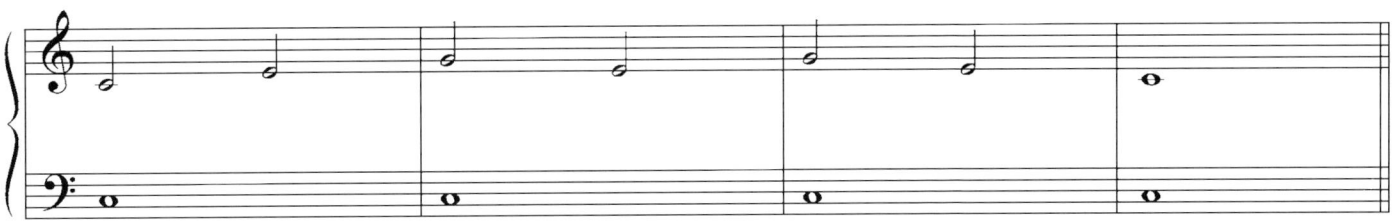

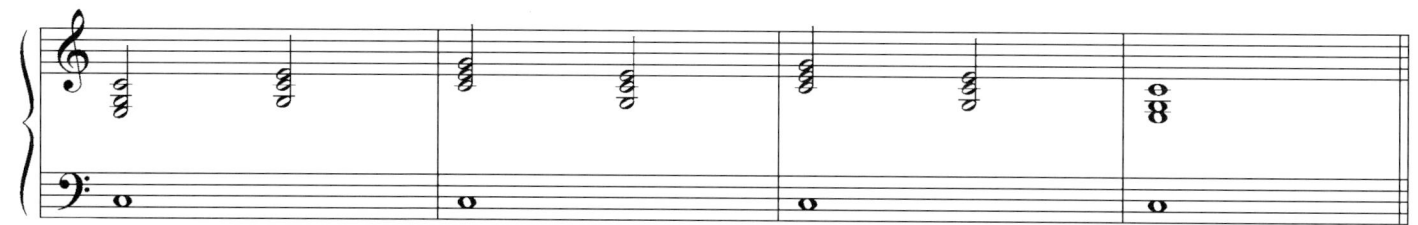

Beispiel 12: Die zweistimmige Vorlage von Beispiel 11 mit ergänzten Mittelstimmen.

Beispiel 13: Viertaktige Melodien in C-Dur, die aus Lagenwechseln bestehen.

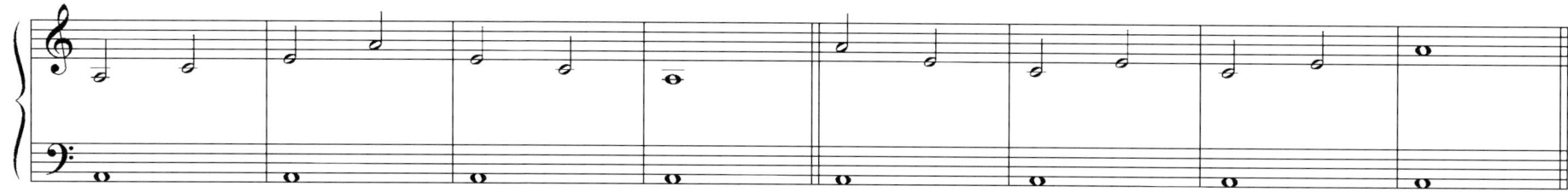

Beispiel 14: Viertaktige Melodien in a-Moll, die aus Lagenwechseln bestehen.

Die Tonwiederholung als melodisches Mittel

Kaum ein geistliches Lied in den Gesangbüchern kommt ohne Tonwiederholungen als kompositorisches Mittel aus. **Tonwiederholungen erweitern die emotionale Ausdrucksmöglichkeit einer musikalischen Linie.** Sie heben hervor oder vertiefen.

Übung 3   Harmonisieren Sie die viertaktigen Melodien mit Tonwiederholungen, indem Sie die vierstimmigen Akkorde mit den Mittelstimmen Alt und Tenor ergänzen.

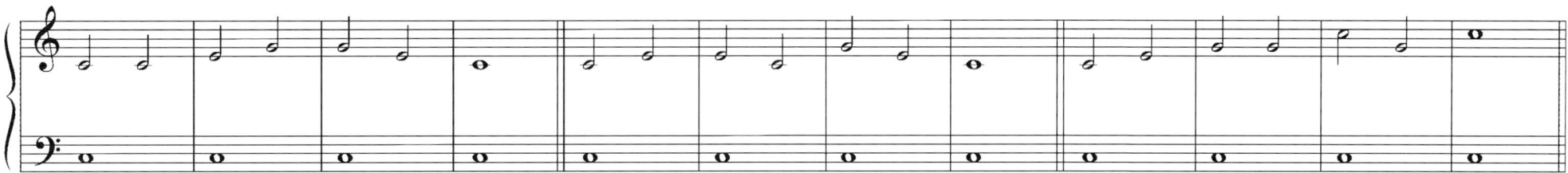

Beispiel 15: Viertaktige Melodien in Dur mit Tonwiederholungen.

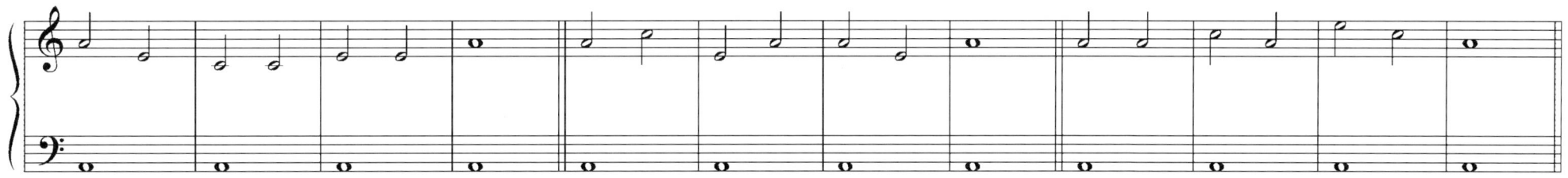

Beispiel 16: Viertaktige Melodien in Moll mit Tonwiederholungen.

Die musikalische Gestaltung – Die Formgebung

Musikalische Gestaltung bedeutet, Töne zu verbinden, sie in Beziehung zu setzen, Zusammenhänge herzustellen.
Jegliche musikalische Form lässt sich auf vier Grundprinzipien zurückführen:

- **Die Wiederholung:**   Musikalische Zusammenhänge gleichen sich.
- **Die Variante:**   Musikalische Zusammenhänge sind ähnlich.
- **Die Verschiedenheit:**   Musikalische Zusammenhänge sind anders.
- **Der Kontrast:**   Musikalische Zusammenhänge sind gegensätzlich.

Die Figuration

Die Harmonie, d. h. das gleichzeitige Erklingen der Akkordtöne, kann in melodische Bewegung umgesetzt werden, wenn die Harmonietöne nicht gleichzeitig erklingen, sondern nacheinander. Man spricht von der Auflösung bzw. der Figuration der Harmonie. **Figuration ist die Ausgestaltung von Akkordtönen**. Sie bedeutet eine Belebung des Klanggeschehens.

Übung 4   Lösen Sie die beiden Unterstimmen des Akkordes, den Sie mit der rechten Hand greifen, in eine Achtelbewegung auf. Nach einer Achtelpause in den Mittelstimmen erklingen der Altton, dann der Tenorton und wieder der Altton. Der vierstimmige Satz wird zum dreistimmigen Satz. Verwenden Sie die Melodien von Beispiel 15 und Beispiel 16.

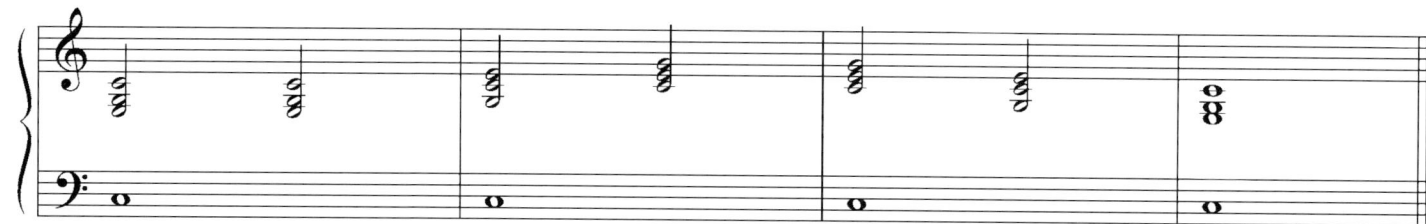

Beispiel 17: Die erste Melodie von Beispiel 15 als vierstimmig harmonisierte Vorlage.

Beispiel 18: Die beiden Mittelstimmen von Beispiel 17 werden zu einer Achtelbewegung aufgelöst.

Die Fanfare

Wird der melodische Weg der Oberstimme weiter rhythmisch untergliedert, entstehen fanfarenartige Klänge, wie sie der Naturtonreihe bei Blasinstrumenten entsprechen. **Die Fanfare ist ein Musikstück, das ein Trompetensignal aus Naturtönen nachahmt.**

Übung 5   Spielen Sie die viertaktigen Fanfaren mit Lagenwechsel. Die Fanfaren bewegen sich in Halbenoten, punktierten Vierteln und Viertelnoten.

Beispiel 19: Viertaktige Fanfaren mit Lagenwechsel.

Übung 6   Improvisieren Sie im Rhythmus der Basslinie in C-Dur und a-Moll Fanfaren. Achten Sie auf einen melodischen Höhepunkt.

Beispiel(e) 20: Basslinien für Fanfaren mit Lagenwechsel.

Das Praeludium

Das Praeludium ist ein freies Instrumentalstück ohne formales Vorbild. Typisch ist ein instrumentaler Stil mit Spielfiguren, Läufen und Akkorden. Der Begriff „Praeludium" kommt vom lateinischen Wort *praeludere*, d. h. *vorspielen,* und war ursprünglich als einleitendes Instrumentalstück z. B. zur Fuge gedacht. Die einfachste Art zu präludieren ist, den Tonika-Akkord in wenigen Takten zu entfächern, d. h. Harmonie in melodische Bewegung umzusetzen und damit die Tonart vorzugeben. Je länger eine Harmonie allein erklingt, desto mehr wird sie als Ausgangsakkord (Tonika) wahrgenommen, ohne den Wechsel mit anderen Harmonien.

Übung 7   Spielen Sie nachfolgendes Praeludium.

Praeludium

Beispiel 21: Ein viertaktiges Praeludium als Brechung des C-Dur-Dreiklangs. Durch die lange Auffächerung wird der C-Dur-Dreiklang als Tonika wahrgenommen. Die ersten Sechzehntel der Vierergruppen bilden eine melodische Linie. Am Anfang der ersten drei Takte setzt die absteigende Linie wieder höher an und teilt dadurch die Linie in drei Sinnabschnitte.

Übung 8   Vervollständigen Sie das Praeludium in C-Dur in der Art der ersten beiden Viertelnoten. Führen Sie den zu den herausragenden Melodietönen gehörigen C-Dur-Akkord aus.

Beispiel 22: Die melodische Linie eines C-Dur-Praeludiums.

Die auftaktige Brechung der Akkorde erzeugt mehr Vorwärtsdrang.

Übung 9   *Spielen Sie das nachfolgende Praeludium in a-Moll.*

Beispiel 23: Praeludium in a-Moll mit auftaktiger Brechung der Akkorde.

Übung 10   *Vervollständigen Sie das Praeludium a-Moll, bei dem nur die Melodietöne vorgegeben sind.*

Beispiel 24: Praeludium in a-Moll, bei dem nur die musikalischen Zieltöne vorgegeben sind.

Übung 11   *Improvisieren Sie eigene viertaktige Praeludien mit der Tonika.*

Die Beziehung der Dreiklänge – Die Verwandtschaft

Musik entsteht, wenn Klänge zueinander in Beziehung gesetzt werden, d. h. wenn Klänge in eine zeitliche Abfolge gebracht werden. Von den Akkorden, die in musikalischen Zusammenhang gebracht werden können, haben *die* Akkorde eine engere Beziehung, die gemeinsame Töne aufweisen. **Dreiklänge sind verwandt, wenn sie gemeinsame Töne aufweisen.**

Die Dominante in Dur D (V) – Die Quintverwandtschaft

Die weiteste Distanz zum Ausgangsakkord auf der 1. Stufe der Tonleiter (= Tonika) bildet der Dreiklang über der V. Stufe, denn der nächste Ton a auf der Tonleiter liegt näher am (darüberliegenden) Ton c. **Der Dreiklang über der V. Stufe ist der zweitwichtigste Akkord und wird Dominante D (V) genannt**, weil er wegen des Leittons (=siebte Stufe) den größten Drang zur Tonika hat. **Das Wesen der Dominante ist der Spannungsgehalt**. Die Dominante ist der Gegenspieler zur Tonika.

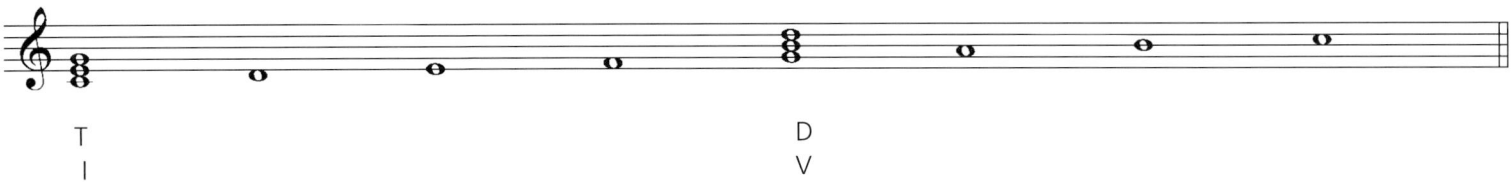

Beispiel 25: Der wichtigste Akkord auf der 1. Stufe (Tonika) der Tonleiter und der nächst wichtige Akkord auf der V. Stufe (Dominante).

Die Tonika und die Dominante sind direkt quintverwandt, weil sie einen gemeinsamen Ton aufweisen und die Grundtöne der beiden Akkorde den Abstand einer Quinte haben.

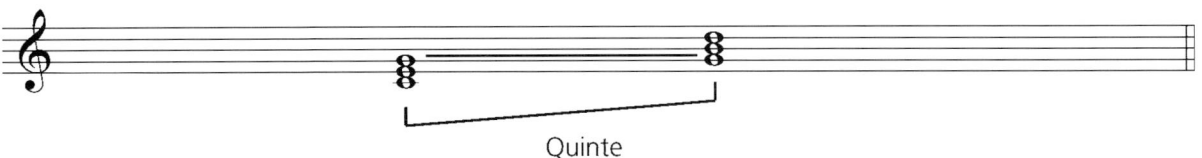

Beispiel 26: Der Tonika-Dreiklang und der quintverwandte Dominant-Dreiklang.

Da es üblich ist, die Harmonien vierstimmig darzustellen, wird bei Tonika und Dominante der Grundton der Bassstimme verdoppelt. Werden Akkorde zueinander in Beziehung gesetzt, so bildet die Tonika den Anfang und den Endpunkt. Das Wegbewegen von der Tonika bedeutet musikalische Spannung, das Zurückkehren zur Tonika Entspannung.

Übung 12   Setzen Sie Tonika und Dominante in Beziehung zueinander, indem Sie die Folge T - D - T spielen.

Beispiel 27: Tonika und Dominante werden zueinander in Beziehung gesetzt.

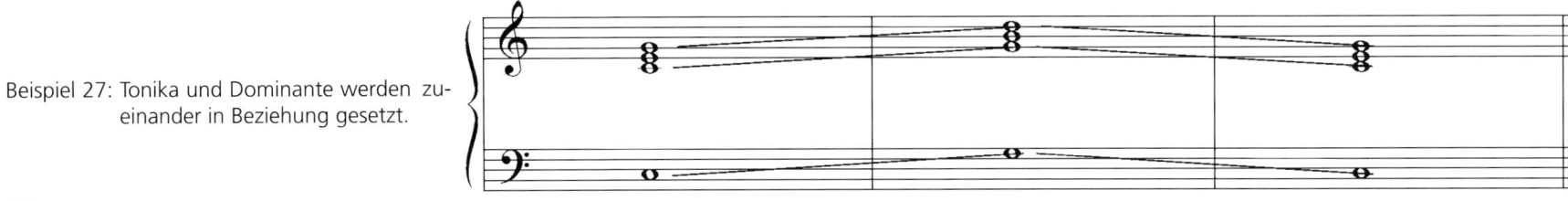

Nach genauerem Hinsehen fällt auf, dass sich die Bassstimme und die Tenorstimme eine Oktave auseinanderliegend parallel bewegen. Wegen des hohen Verschmelzungsgrades der Oktave nimmt unser Ohr beide Stimmen als identisch wahr. Da jede der vier Stimmen ein selbstständiges Profil und damit eine eigene Aussage haben soll, sind parallele Fortschreitungen in Oktaven und Quinten unerwünscht.

Verbot: Parallele Oktaven und Quinten sind verboten, weil sie die Intervalle mit dem höchsten Verschmelzungsgrad sind.

Übung 13   Untersuchen Sie das Ergebnis, wenn Sie die Tonika in Quintlage und die Dominante in Terzlage in Verbindung bringen.

Beispiel 28: Die Tonika in Quintlage und die Dominante in Terzlage werden in Verbindung gebracht.

Die Bassstimme und die Tenorstimme gehen in der gleichen Richtung von der Oktave in die Quinte. Die Bassstimme und die Altstimme gehen in der gleichen Richtung von der Dezime (Terz) in die Oktave. Es handelt sich dabei um verdeckte Parallelen.

Verdeckte Parallelen sind zwei Stimmen, die in der gleichen Richtung aus einem beliebigen Intervall in die Prime, Oktave oder Quinte weiterschreiten.
<u>Verdeckte Parallelen sind erlaubt.</u>

Ausnahme: Verdeckte Parallelen in den Außenstimmen sind verboten, wenn der Sopran springt.
(Sprünge sind alle Intervalle, die größer sind als eine Sekunde.)

Übung 14   Es bleibt noch eine Möglichkeit, die Tonika mit dem Dominantakkord zu verbinden. Setzen Sie die Tonika mit der Dominante in Beziehung.

Beispiel 29: Die Tonika in Quintlage ist in Beziehung gesetzt zur Dominante in Oktavlage.

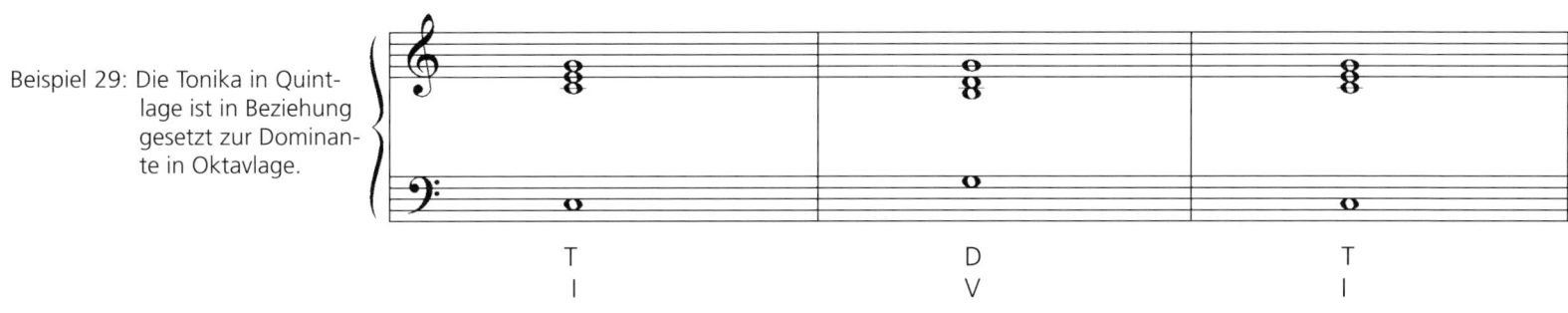

Der gemeinsame Ton von Tonika und Dominante bleibt in der gleichen Stimme (Oberstimme). Der Bass geht in Gegenbewegung zu den beiden Mittelstimmen. Die Stimmen gehen den kürzesten Weg (Sekundschritte).

T   D   T
I   V   I

Die Stimmführung – Die Regeln

Um ein harmonisches Klanggeschehen zu erreichen, bei dem jede Stimme ein eigenes Profil aufweist, müssen folgende Regeln eingehalten werden:

Gegenbewegung,
das Gesetz des nächsten Weges: – **gleiche Töne in der gleichen Stimme**
– **vorzugsweise kleine Schritte (Sekundschritte)**
– **Vermeidung von unsanglichen Intervallen**

Übung 15   Üben Sie das musikalische Spannungsverhältnis zwischen Tonika und Dominante in C-Dur.

Beispiel 30: Die musikalische Darstellung des Spannungsverhältnisses zwischen Tonika und Dominante in C-Dur, unter Berücksichtigung von Gegenbewegung und des Gesetzes des nächsten Weges.

Wenn man die Regeln der Gegenbewegung und des nächsten Weges streng beachtet, ist kaum musikalische Entwicklung möglich. Musik entsteht, wenn das endgültige Zurückkehren zur Tonika hinausgezögert wird.

Die Folge T - D - T stellt die Grundspannungsverhältnisse dar, sie gibt keinen musikalischen Inhalt wieder. Ein Wechsel auf der Tonika in eine andere Lage kann den musikalischen Verlauf ausweiten und musikalische Gebilde entstehen lassen.

Übung 16   Weiten Sie die Folge T - D - T aus, indem Sie mit der Tonika in eine andere Lage wechseln. Üben Sie die viertaktigen Harmoniefolgen in allen Lagen.

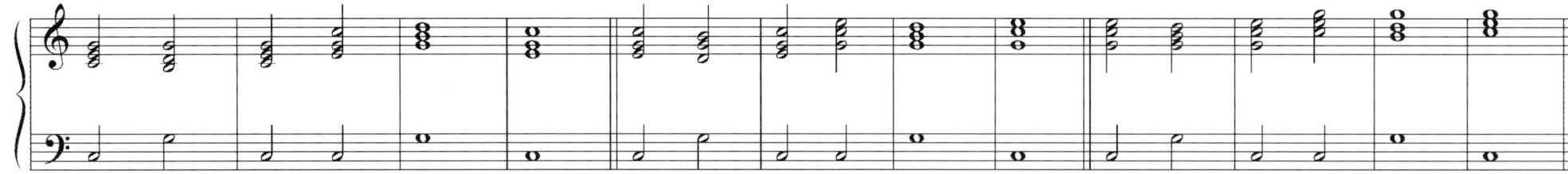

Beispiel 31: Erweiterung der Harmoniefolge T - D - T durch Lagenwechsel auf der Tonika.

Durch den Lagenwechsel stehen uns zur Melodiebildung in der Oberstimme fünf Töne (c, d, e, g, h) zur Verfügung.

Beispiel 32: Der Tonvorrat, der durch den Lagenwechsel für die Melodiebildung in der Oberstimme
zur Verfügung steht.

Übung 17   Harmonisieren Sie die viertaktigen Melodien mit den Funktionen T und D. Improvisieren Sie zuerst die Bassstimme. Führen Sie die Bassstimme in der Gegenbewegung zur Oberstimme. Ergänzen Sie in nachschlagenden Viertelnoten die Mittelstimmen. Spielen Sie den vollständigen vierstimmigen Satz.

Beispiel 33: Die einstimmige viertaktige Melodie.

Beispiel 34: Die Bassstimme wird in Gegenbewegung zur Oberstimme geführt.

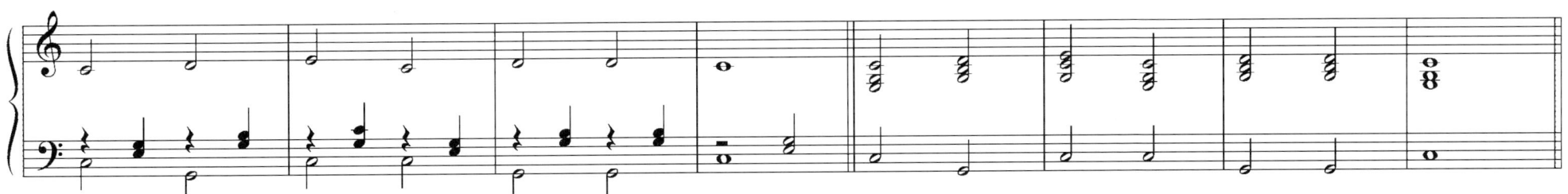

Beispiel 35: Die Mittelstimmen werden in nachschlagenden Viertelnoten ergänzt.   Beispiel 36: Die vollständige vierstimmige Harmonisation.

Beispiel(e) 37: Viertaktige Melodien, die mit Tonika und Dominante harmonisiert werden können.

Die Variation

Die Veränderung (Variation) ist ein Grundprinzip musikalischer Gestaltung. Variation bedeutet Abwechslung, Entwicklung, Verwandlung, Intensivierung.
Verändert werden können alle Aspekte (Parameter) der musikalischen Gestaltung:

- die Tonhöhe, die sich auf Melodik und Harmonik auswirkt,

- die Tondauer, die auf Tempo, Rhythmus und Metrum wirkt,

- die Tonstärke, welche die Dynamik beeinflusst,

- die Tonfarbe, welche die Registrierung bestimmt.

In der Regel wird eine musikalische Vorgabe (Thema) verändert. Um das variierte Thema wiederzuerkennen, werden nicht alle Parameter gleichzeitig variiert. Als Thema kann vorgegeben sein:

- eine Oberstimme, auch „Melodie" oder „cantus firmus" genannt, meist ein weltliches oder geistliches Volkslied. Die Formen, die sich daraus entwickeln lassen, werden „Choralbearbeitung" oder „(Choral-)Variation" genannt.

- eine Unterstimme, die auch „Bass" oder „Ground" genannt wird. Variationen über einen gegebenen Bass heißen „Chaconne" oder „Passacaglia".

- eine Ober- und eine Unterstimme, also ein harmonisierter mehrstimmiger Satz einer populären Melodie aus dem 15. und 16. Jahrhundert. Wird ein solches Thema variiert, spricht man von „Aria"

Erklingen Akkordtöne nicht gleichzeitig, sondern nacheinander, so geht Harmonik über in Melodik. Gleichzeitig ändert sich der Rhythmus.

Übung 18   *Variieren Sie die vierstimmig harmonisierten Melodien von Beispiel 37. Lösen Sie den dreistimmigen Akkord in der rechten Hand in eine einstimmig durchlaufende Achtelbewegung auf.*
Damit sich pro Halbenote vier Achtel ergeben, muss einer der drei Töne in der rechten Hand zweimal vorkommen.
Achten Sie darauf, dass die Töne der Vorgabe (Melodie, Thema) auf der ersten und dritten Zählzeit erklingen.
Die Bassstimme wird als Harmonieträger beibehalten.

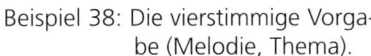

Beispiel 38: Die vierstimmige Vorgabe (Melodie, Thema).

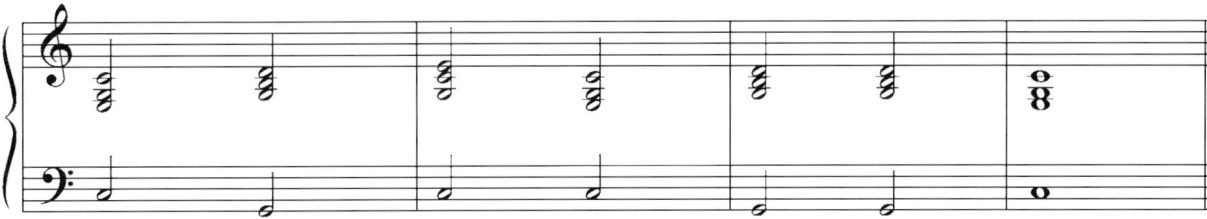

Beispiel(e) 39: Verschiedene Möglichkeiten, die Halbeakkorde der rechten Hand in eine durchlaufende Achtelbewegung aufzulösen.

Die Variationstechnik wiederholt sich nach vier Achtelnoten (pro Halbenote). Als weitere Variationsmöglichkeit können zwei oder drei Achtelnoten zum nächst höheren Wert (Viertelnote) zusammengefasst werden. Es ergeben sich weitere rhythmische Varianten.

Übung 19   Fassen Sie das erste und das zweite Achtel zu einer Viertelnote zusammen.

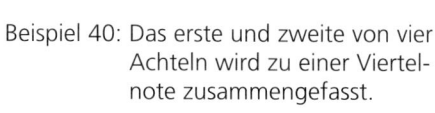

Beispiel 40: Das erste und zweite von vier Achteln wird zu einer Viertel-note zusammengefasst.

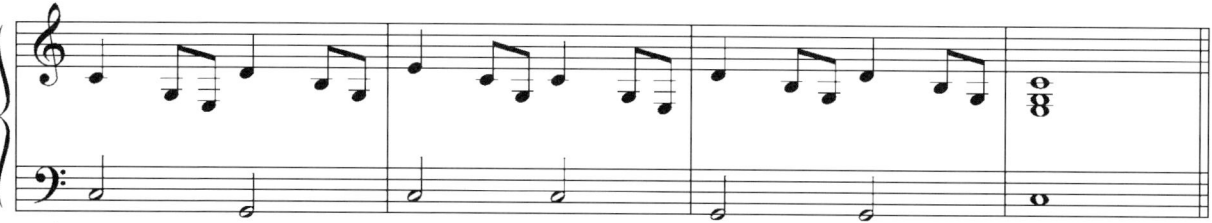

Übung 20   Fassen Sie das dritte und das vierte Achtel zu einer Viertelnote zusammen.

Beispiel 41: Das dritte und vierte von vier Achteln wird zu einer Viertel-note zusammengefasst.

Übung 21   *Fassen Sie die ersten drei von vier Achteln zu einer punktierten Viertelnote zusammen.*

Beispiel 42: Die ersten drei von vier Achtelnoten werden zu einer punktierten Viertelnote zusammengefasst.

Die Variationstechnik hat sich bisher nach einer Halbenote wiederholt. Sie kann auf zwei Halbenoten ausgedehnt werden.

Übung 22   *Dehnen Sie die Variationstechnik auf zwei Halbenoten aus. Kombinieren Sie die in den Übungen 19 bis 21 gewonnenen Möglichkeiten.*

Beispiel 43: Die Variationstechnik wiederholt sich nach zwei Halbenoten.

Die Dominante in Moll d, D (v, V)

Im Gegensatz zur Durtonleiter ergibt sich bei einer Terzschichtung über der V. Stufe einer Molltonleiter ein Mollakkord.

Beispiel 44: Die Terzschichtung über der wichtigsten, der I. Stufe (Tonika), ergibt
einen Mollakkord. Die Terzschichtung über der nächst wichtigen,
der V. Stufe (Dominante), ergibt ebenfalls einen Mollakkord (d).

Übung 23   *Spielen Sie die vierstimmig dargestellte Harmoniefolge t - d - t in Moll.*

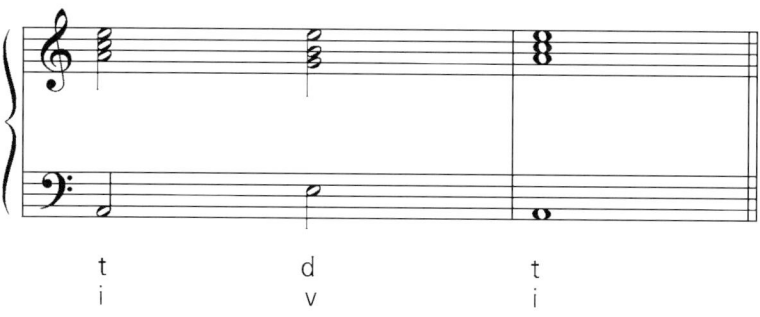

Beispiel 45: Der Wechsel zwischen Tonika und Dominante in Moll.

Im Vergleich mit der Verbindung Tonika - Dominante - Tonika in Dur klingt dieselbe Verbindung in Moll spannungslos und schwach. Anstatt des drängenden Halbtonschrittes von der siebten zur achten Stufe in Dur (h – c) ergibt sich in Moll von der siebten zur achten Stufe ein Ganztonschritt (g – a) ohne den starken Drang zur achten Stufe. Zwar wird die Molldominante in der Orgelmusik des 16. und 17. Jahrhunderts vor allem am Beginn einer Komposition benutzt, um von der Tonikatonart loszukommen, bei der Rückkehr zur Tonika wird aber immer auf die Durdominante in Moll zurückgegriffen.

Wegen des starken Drangs zur Tonika hat sich als Dominante in Moll der Durakkord D (V) auf der fünften Stufe durchgesetzt.

Umgekehrt hat jeder Durakkord auch Dominantcharakter.

Übung 24   *Spielen Sie die Verbindung Tonika – Dominante in allen Lagen in Moll. Ersetzen Sie den Mollakkord auf der V. Stufe durch einen Durakkord.*

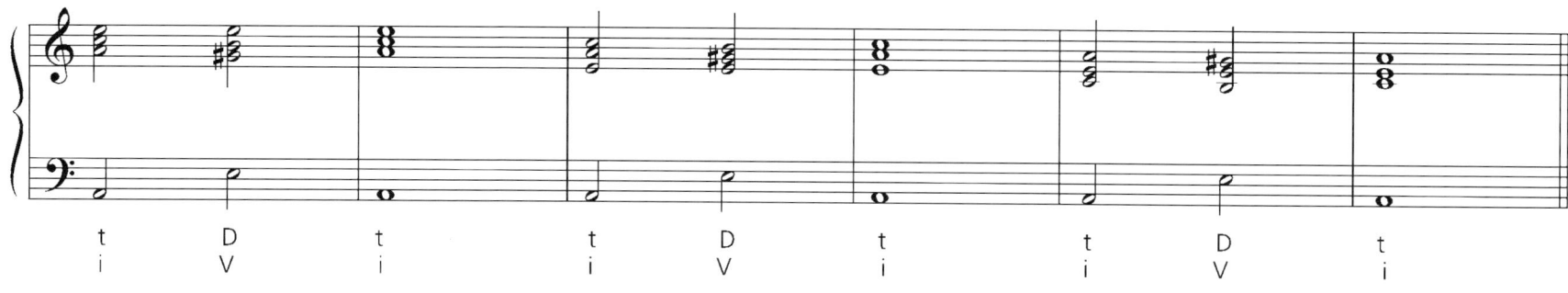

Beispiel 46: Die Verbindung t - D - t in Moll (mit Durdominante).

Übung 25   Suchen Sie mehr melodische Freiheit durch einen Wechsel der Lage auf der Dominante.

Beispiel 47: Über einen Lagenwechsel auf der Dominante (in Takt 2,4,6) kann melodischer Spielraum gewonnen werden.

Übung 26   Harmonisieren Sie die viertaktigen Oberstimmen mit der Tonika t (i) in Moll und der Durdominante D (V).

Beispiel(e) 48: Viertaktige Melodien in Moll, die mit der Tonika t (i) und der Dominante D (V) harmonisiert werden können.

Der Vordersatz – Der Nachsatz

Die viertaktigen Melodien von Übung 17 haben sich mit dem Grundton (Tonika) am Ende entspannt. Endet eine musikalische Linie auf der Tonika, so spricht man vom „Ganzschluss". Endet eine musikalische Linie auf der Dominante (in a-Moll auf den Tönen e, gis oder h), so handelt es sich um einen „Halbschluss", der dem Hörer vermittelt, dass die Linie noch nicht ihr Ende gefunden hat.

Das kompositorische Ideal der Klassik (etwa 1760 bis 1820) war es, Musik von Ebenmaß und Schönheit zu schaffen – Musik, deren Inhalt und Form im Gleichgewicht steht.

Zweimal vier Takte werden als die kleinste, geschlossene Sinneinheit mit ausgewogener Symmetrie betrachtet. Die ersten vier Takte werden Vordersatz, die zweiten vier Takte werden Nachsatz genannt.

Weil der Vordersatz auf der Dominante endet, die Auflösung also noch offen lässt, wird auch von der „Frage" gesprochen. Der Nachsatz, der auf der Tonika endet, gibt die „Antwort".

Neben der Veränderung einer musikalischen Vorgabe bietet die Wiederholung eine weitere Möglichkeit zur musikalischen Gestaltung.

Übung 27   Beantworten Sie den viertaktigen Vordersatz mit einem viertaktigen Nachsatz. Wiederholen Sie den Vordersatz und führen Sie ihn zum Grundton. Suchen Sie zur Melodie in der rechten Hand den dazugehörigen Basston in der linken Hand. Ergänzen Sie die fehlenden Akkordtöne in den Mittelstimmen (Alt und Tenor).

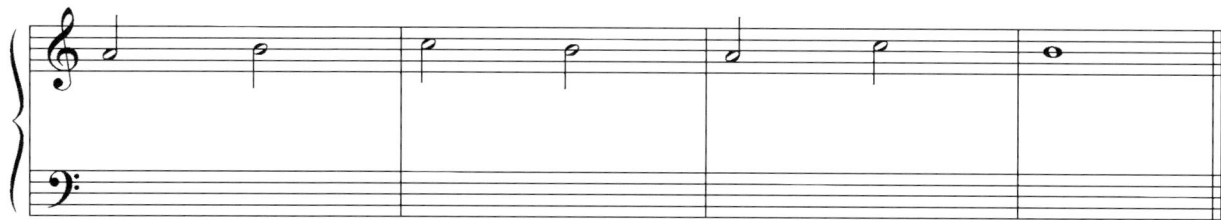

Beispiel 49: Der einstimmige Vordersatz, der auf der Dominante endet.

Beispiel 50: Die Beantwortung des Vordersatzes mit einem Nachsatz, der auf der Tonika endet.

Beispiel 51: Vordersatz und Nachsatz mit der dazugehörigen Bassstimme.

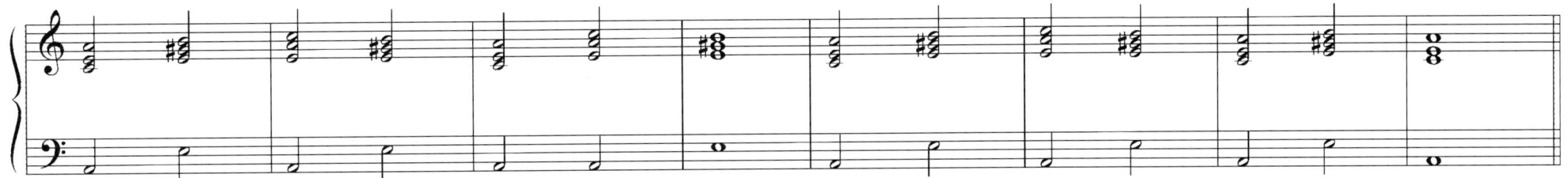

Beispiel 52: Vordersatz und Nachsatz mit ergänzten Mittelstimmen.

Beispiel(e) 53: Viertaktige Vordersätze zur Übung.

Der harmonische Satz auf der Orgel

Der vierstimmige Satz lässt sich auf die Orgel übertragen, indem die Bassstimme im Pedal gespielt wird.

Übung 28   Übertragen Sie die Vorder- und Nachsätze von Übung 27 auf die Orgel. Die rechte Hand spielt auf dem ersten Manual die Oberstimme. Das Pedal übernimmt die Unterstimme. Die linke Hand spielt auf dem zweiten Manual nachschlagend und schließlich auf Schlag die beiden fehlenden Mittelstimmen.

Beispiel 54: Vorder- und Nachsatz mit nachschlagenden Mittelstimmen in der linken Hand.

Beispiel 55: Vordersatz und Nachsatz vierstimmig, die Melodie auf dem Solomanual.

Übung 29   Improvisieren Sie über den gegebenen Bässen Vordersatz und Nachsatz vergleichbar Beispiel 54,56.

Beispiel(e) 56: Bässe als Improvisationsvorlage für Vordersatz und Nachsatz.

Das Pedalsolo

„Solo" ist das Hervortreten einer Stimme oder eines Instrumentes. Pedalsolo bedeutet das alleinige Erklingen der Pedalstimme.

Während in der süddeutschen Orgelmusik des 18. Jahrhunderts dem Pedalspiel eine untergeordnete Rolle zukommt, haben die Komponisten des norddeutschen Barock (D. Buxtehude, G. Böhm, N. Bruhns) dem Pedalspiel solistische Funktion zukommen lassen. Viele Praeludien und Toccaten werden mit einem Pedalsolo eingeleitet.

Das norddeutsche barocke Pedalsolo ist bis zur Toccata F-Dur von Joh. Seb. Bach figurationsgebunden, d. h. der darzustellende Tonraum wird in einer bestimmten Figurationsart durchschritten und damit vorgestellt.

Die einfachste Art, den Tonraum darzustellen, ist den Tonikaakkord zu brechen.

Beispiel 57: Ein kurzes Pedalsolo, das durch Akkordbrechung a-Moll als Tonika darstellt.

Der Akkord wird so gebrochen, dass er mit zwei Füßen abwechselnd gespielt werden kann.

Übung 30   Reduzieren Sie das Pedalsolo von Beispiel 57 auf die Fußpositionen.

Beispiel 58: Das Pedalsolo von Beispiel 57 reduziert auf die Fußpositionen. Die Fußpositionen wechseln jede Viertelnote.

Übung 31   Spielen Sie nachfolgendes Pedalsolo und reduzieren Sie es auf die Fußpositionen.

Beispiel 59: Der gebrochene a-Moll-Akkord als dreitaktiges Pedalsolo.

Beispiel 60: Das Pedalsolo von Beispiel 59 reduziert auf die Fußpositionen.

Die Fußpositionen können auch im Achtelrhythmus wechseln.

Übung 32   Lösen Sie die zweistimmigen Fußpositionen in eine durchlaufende Sechzehntelbewegung auf.

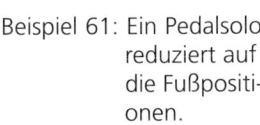

Beispiel 61: Ein Pedalsolo,
            reduziert auf
            die Fußpositi-
            onen.

Beispiel 62: Die Fußpositionen von Beispiel 61 aufgelöst in eine durchlaufende Sechzehntelbewegung.

Beispiel(e) 63: Zwei Pedalsoli, reduziert auf die Fußpositionen.

Übung 33　　*Improvisieren Sie kurze Pedalsoli in a-Moll ohne Vorlage mit den harmonischen Grundfunktionen Tonika und Dominante.*

Die Subdominante in Dur S (IV)

Von den Dreiklängen, die über den Tönen der Durtonleiter gebildet werden können, sind nur drei Akkorde Durdreiklänge. Der wichtigste ist die Tonika auf der ersten Stufe, gefolgt von der Dominante auf der fünften Stufe.

Der Durakkord auf der vierten Stufe wird Subdominante (= unter der Dominante liegend) genannt S (IV).

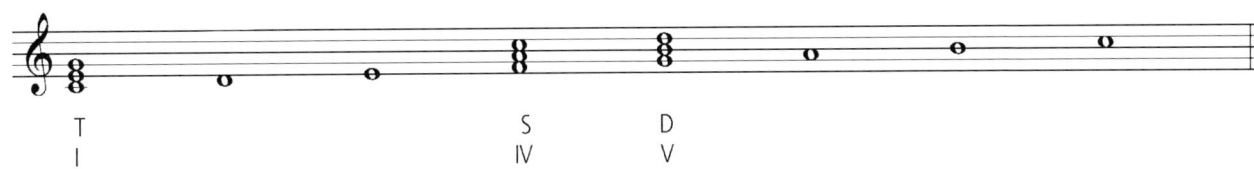

Beispiel 64: Die drei wichtigsten Akkorde   - auf der ersten Stufe: die Tonika T (I)
   - auf der fünften Stufe: die Dominante D (V)
   - auf der vierten Stufe: die Subdominante S (IV).

Die Subdominante hat mit der Tonika einen Ton gemeinsam. **Sie ist mit der Tonika direkt quintverwandt**, weil die Grundtöne der beiden Dreiklänge eine Quinte auseinanderliegen.

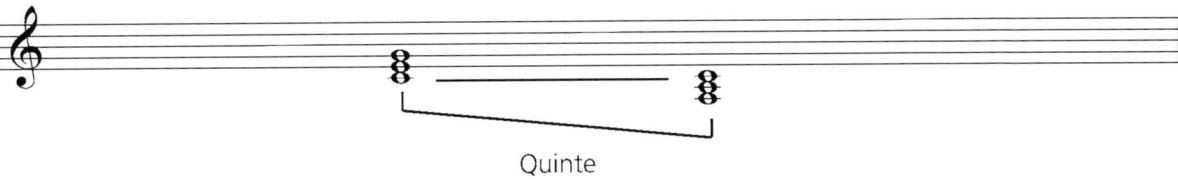

Quinte

Beispiel 65: Der Tonikadreiklang und der quintverwandte Subdominantdreiklang.

Die Subdominante hat durch das Fehlen des Leittones keinen Zwang zu einer bestimmten Bewegungsrichtung. **Die besondere Qualität der Subdominante ist** deshalb **ihr Klanggehalt. Die Subdominante stellt den emotionalen, „mütterlichen" Aspekt der Tonart dar.**

Übung 34   Üben Sie die vierstimmig dargestellte Verbindung Tonika – Subdominante in allen Lagen.

Beispiel 66: Die Verbindung Tonika –
                 Subdominante in allen
                 Lagen.

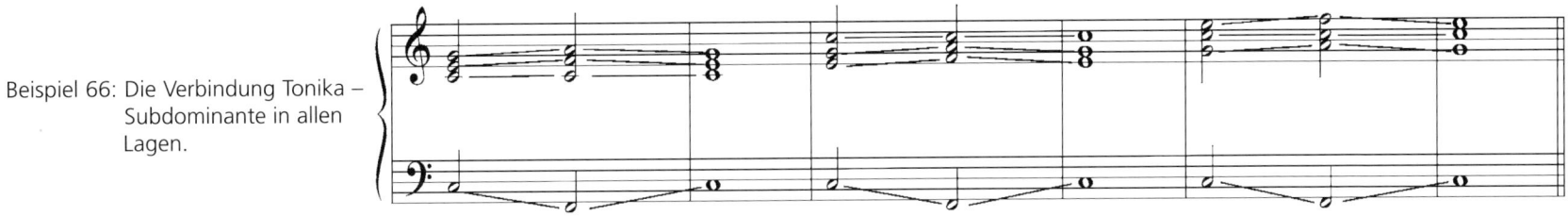

Übung 35   *Harmonisieren Sie die achttaktigen Melodien mit den Funktionen Tonika und Subdominate. Improvisieren Sie zuerst die Bassstimme zur Melodie. Ergänzen Sie die beiden fehlenden Mittelstimmen Alt und Tenor.*

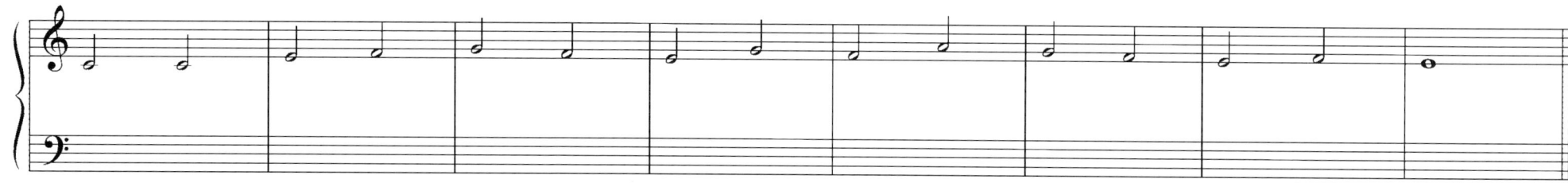

Beispiel 67: Die einstimmige Vorlage.

Beispiel 68: Die Vorlage von Beispiel 67 wird mit Tonika und Subdominante harmonisiert.

Weitere Melodien:

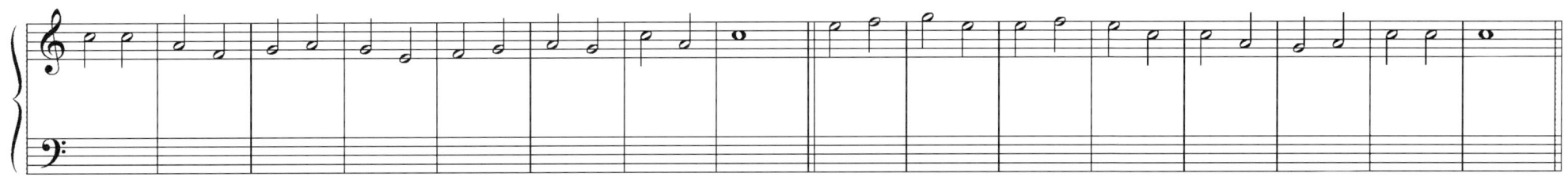

Beispiel(e) 69: Achttaktige Melodien, die mit den Funktionen Tonika und Subdominante harmonisiert werden können.

Der harmonische Satz auf der Orgel

In der Regel wird die Unterstimme auf der Orgel im Pedal gespielt. **Die drei Oberstimmen können unterschiedlich auf die beiden Hände verteilt werden.**

Übung 36   *In Übung 28 wurde die Oberstimme von der rechten Hand gespielt, die linke Hand hat die beiden Mittelstimmen übernommen. Spielen Sie die beiden Oberstimmen der Melodien von Beispiel 69 mit der rechten Hand, die linke Hand greift die Tenorstimme, die Bassstimme wird im Pedal gespielt.*

Beispiel 70: Der vierstimmige Satz von Beispiel 68 auf der Orgel dargestellt: - die beiden Oberstimmen in der rechten Hand,
- die Tenorstimme in der linken Hand,
- die Bassstimme im Pedal.

Harmoniefremde Töne – Die Wechselnote

Durch das abwechselnde Erklingen der Mittelstimmen Tenor und Alt wurde in Übung 4 aus dem akkordischen Satz ein Satz mit einem durchlaufenden Achtelmotiv in der Mittelstimme.

Übung 37   Rufen Sie sich die Figuration der Mittelstimme von Übung 4 mit den vorgegebenen Melodien von Übung 35 nochmals in Erinnerung.

Beispiel 71: Die Figuration der Mittelstimme in der Art von Übung 4.

Die Figuration besteht aus harmonieeigenen Tönen. Um mehr Reiz in die Figuration zu bringen, kann vom harmonieeigenen Ton stufenweise nach oben oder nach unten weitergeschritten werden zu einem harmoniefremden Ton und wieder zurück zum Ausgangston.

Die Wechselnote ist die obere oder die untere Nebennote eines Akkordtones, zu dem die Wechselnote zurückkehrt.

Die Choralbearbeitung – Der figurierte Choral

**Unter dem Begriff „Choralbearbeitung" wird eine mehrstimmige Komposition verstanden, der eine Choralmelodie (= Kirchenlied) zugrunde liegt.
Werden neben der Choralmelodie die Stimmen frei oder imitierend geführt, so ist von einem „figurierten" Choral die Rede.**

Wir verwenden die einfachen Melodien von Übung 35.

Übung 38   Figurieren Sie die Mittelstimme der Melodien von Übung 35. Ein harmonieeigener Ton wechselt zum nächst höheren oder tieferen Ton (harmoniefremder Ton = Wechselnote) und findet wieder zurück zum Ausgangston.

Beispiel 72: In der Mittelstimme wechselt ein harmonieeigener Ton mit einem harmoniefremden Ton ab.

Das Figurationsmotiv wiederholt sich jede Halbenote.

Übung 39   *Verlängern Sie das Figurationsmotiv mit einer Halbenote auf die dritte und vierte Zählzeit im Takt. Die Halbenote bildet das melodische Ziel des Figurationsmotivs.*

Beispiel 73: Das Figurationsmotiv wird auf einen Takt verlängert.

Durch die Halbenote erhält das Figurationsmotiv zwar ein Ziel, die lange Note bringt die musikalische Bewegung aber immer wieder zum Stehen.

Übung 40   Unterteilen Sie die Halbenote des Figurationsmotivs in zwei Viertelnoten. Bei den beiden Viertelnoten handelt es sich um eine harmonieeigene Akkordbrechung.

Beispiel 74: Die Halbenote des Figurationsmotivs in der Mittelstimme wird unterteilt in zwei Viertelnoten. Die zwei Viertelnoten sind harmonieeigene Töne.

Wird das Figurationsmotiv so konsequent durchgehalten wie in Übung 39, so entsteht leicht ein mechanischer Eindruck. Auflockerung bringt der Wechsel zwischen ganztaktiger und halbtaktiger Figuration.

Übung 41   Wechseln Sie ab zwischen ganztaktiger Figuration (vgl. Übung 40) und halbtaktiger Figuration (vgl. Übung 38).

Beispiel 75: Ganztaktige und halbtaktige Figuration wechseln ab.

Bisher wurden die beiden Mittelstimmen des vierstimmigen Satzes zu einer Figurationsstimme zusammengefasst. Die Auflösung der Oberstimme eröffnet weitere Möglichkeiten.

Übung 42   Reduzieren Sie den vierstimmigen Satz von Übung 35 auf einen dreistimmigen Satz. Achten Sie darauf, dass neben dem Grundton die Terz nicht fehlt. Lösen Sie die Oberstimme in eine Folge aus harmonieeigenem Ton und Wechselnote auf.

Beispiel 76: Die dreistimmig harmonisierte Melodie.

Beispiel 77: Die aufgelöste Oberstimme.

Durch abwechselnde Figuration der Mittelstimme und der Oberstimme kann ein Zwiegespräch zustande kommen.

Übung 43   Figurieren Sie abwechselnd die Mittelstimme und die Oberstimme. Durch längeres Figurieren in einer Stimme können längere Sinneinheiten erreicht werden.

Beispiel 78: Die Mittelstimme und
die Oberstimme wer-
den abwechselnd fi-
guriert. Durch längere
Figuration werden in
der Oberstimme in Takt
2,3 und in Takt 7 unter-
schiedlich lange Sinn-
einheiten erreicht.

Übung 44   Wenden Sie die in Übung 38 bis Übung 43 gelernten Figurationstechniken auf die Melodien von Beispiel 69 frei an.

Beispiel 79: Die Figurationstechniken von Übung 37 bis 43 frei angewandt.

Die Subdominante in Moll s (iv)

In Moll ergibt sich auf der vierten Stufe der Tonleiter ein Mollakkord als Subdominantakkord s (iv).

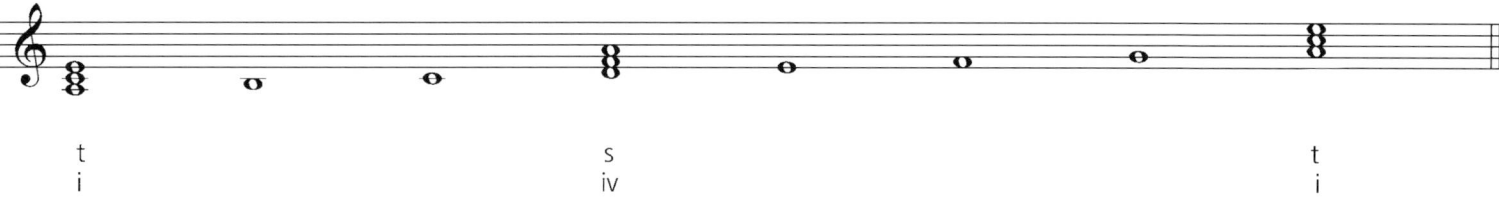

Beispiel 80: Auf der vierten Stufe der Molltonleiter steht ein Mollakkord.

Übung 45   Üben Sie die vierstimmig dargestellte Verbindung Tonika – Subdominante in Moll in allen Lagen.

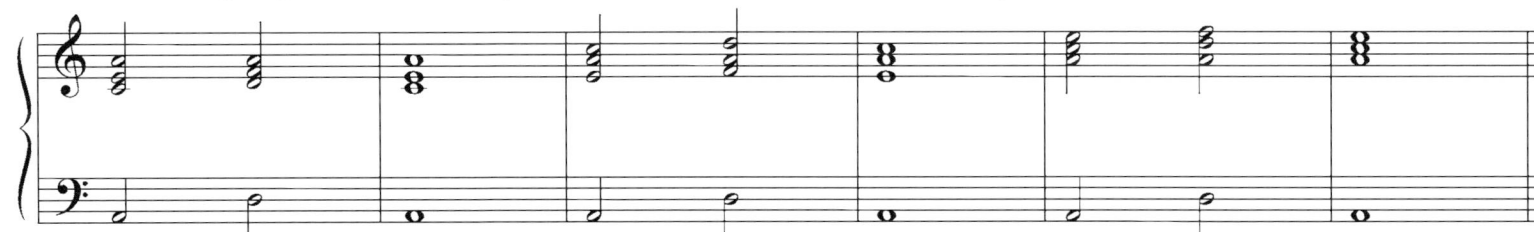

Beispiel 81: Die Verbindung Tonika – Subdominante vierstimmig dargestellt in allen Lagen.

Die Verbindung Subdominante – Tonika hat eine schwächere Wirkung als die Verbindung Dominante – Tonika, weil der Leitton fehlt und weil der Grundton vorweggenommen wird. Man nennt sie Plagalschluss.

Weil die Subdominante keine Strebetöne hat, vermittelt sie ein entspannendes Moment. Während die Dominante zur Tonika drängt, führt die Subdominante weg von der Tonika. Die Subdominante eignet sich dazu, den Klangraum zu erweitern.

Übung 46   Harmonisieren Sie die nachfolgenden Melodien in Moll mit der Tonika und der Subdominante. Improvisieren Sie zuerst die Bassstimme. Ergänzen Sie die fehlenden Mittelstimmen.

Beispiel(e) 82: Einstimmige Melodien in a-Moll, die mit Tonika und Subdominante harmonisiert werden können.

Der harmonische Satz auf der Orgel

Durch das Rhythmisieren der Unterstimmen erhält der Satz Impulse, die vorwärts drängen.

Übung 47   *Übertragen Sie den vierstimmigen Satz auf die Orgel mit der Oberstimme in der rechten Hand, den Mittelstimmen in der linken Hand und der Bassstimme im Pedal. Rhythmisieren Sie den Satz mit auftaktigen Viertelakkorden in den Unterstimmen auf der vierten und auf der zweiten Zählzeit.*

Beispiel 83: Die Unterstimmen werden durch die Viertelakkorde auf der vierten Zählzeit rhythmisiert.

Beispiel 84: Die Unterstimmen werden durch Viertelakkorde auf der zweiten Zählzeit rhythmisiert.

Die Klangparallelen

Parallelen in der Prim, Oktave und Quinte sind grundsätzlich verboten, weil sie durch ihren hohen Verschmelzungsgrad eine selbstständige Stimmführung aufheben. Häufig in der Literatur zu finden sind Oktavparallelen zur klanglichen Verstärkung. Überwiegend in der Romantik kann eine melodische Linie (meist Oberstimme oder Unterstimme) durch eine Oktavverdoppelung herausgehoben werden. Die entstehenden Parallelen werden nicht als verbotene Oktavparallelen verstanden, sondern als erlaubte Klangparallelen. In der Barockzeit findet man Klangparallelen, die nacheinander klingen und deshalb nicht wahrgenommen werden. Die klangliche Verstärkung ermöglicht die Brechung von vierstimmigen Akkorden.

Klangparallelen sind erlaubte Oktavparallelen zur klanglichen Verstärkung einer Stimme.

Übung 48   Lösen Sie die klanglich verstärkte Folge Tonika – Subdominante – Tonika in unterschiedlicher Weise auf. Verteilen Sie die Auflösung auf beide Hände (die nach oben gerichtete Verbalkung wird mit der rechten Hand gespielt, die nach unten gerichtete Verbalkung wird mit der linken Hand gespielt).

Beispiel 85: Die harmonische Vorlage t - s - t (i - iv - i). Die Oberstimme ist in Oktaven klanglich verstärkt. Die sich ergebenden vierstimmigen Akkorde der Oberstimmen ermöglichen die Brechung in Gruppen zu vier Sechzehntelnoten.

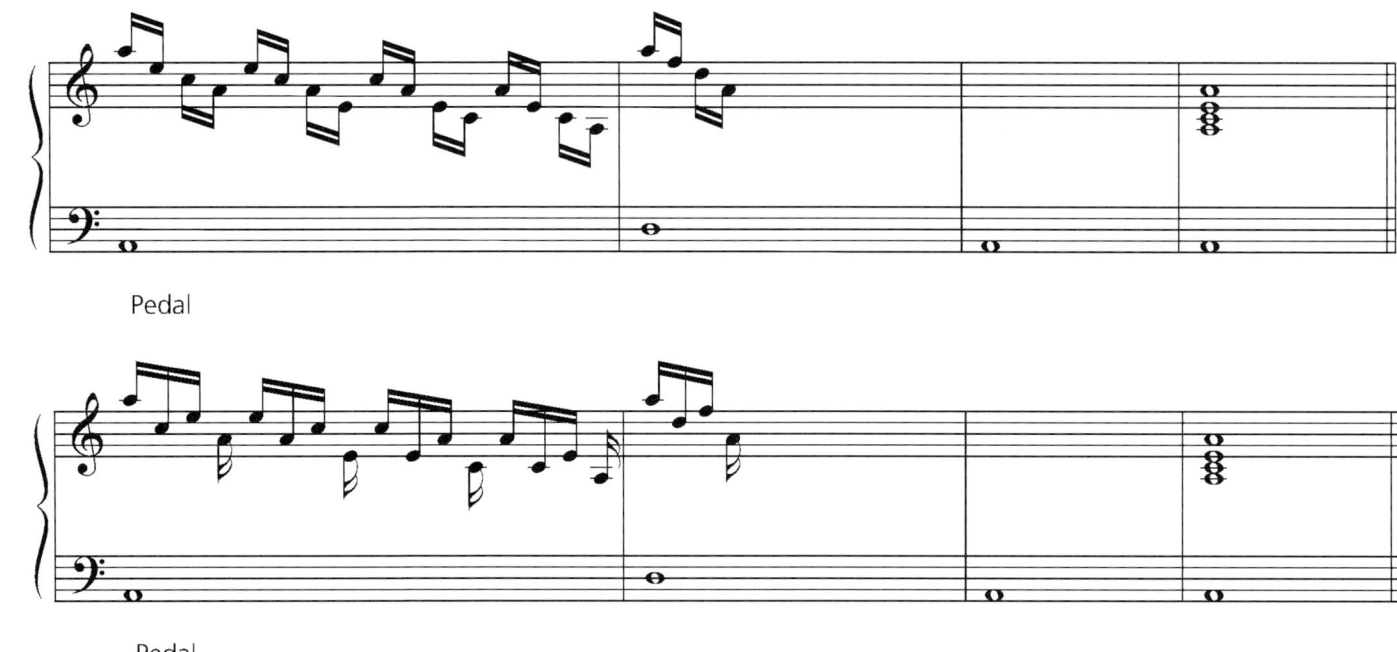

Pedal

Pedal

Beispiel(e) 86: Die volltaktige Auflösung der vierstimmigen Akkorde.

Das Praeludium

Übung 49   Figurieren Sie die kleinen viertaktigen Praeludien zu Ende. Die Sechzehntelnoten zeigen nur den melodischen Verlauf auf jeder Zählzeit an.

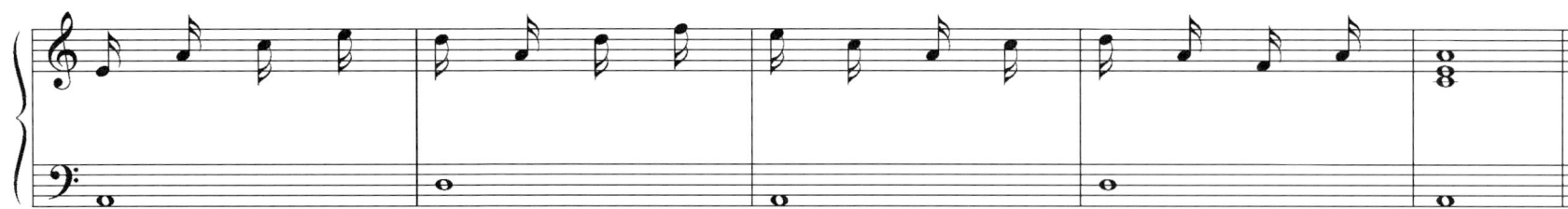

Pedal

Beispiel 87: Die melodische Linie auf den Zählzeiten des Viervierteltaktes.

Beispiel 88: Die melodische Linie von Beispiel 87, zum Praeludium ausfiguriert.

Beispiel(e) 89: Die melodische Linie für kurze Praeludien als Figurationsmodell.

Übung 50   Improvisieren Sie eigene Praeludien nach dem Muster von Übung 49.

Das Trio

Der Begriff „Trio" bezeichnet ein Musikstück für drei Stimmen (bzw. Instrumente).

In der Barockzeit wurden die beiden Oberstimmen meistens von zwei Violinen ausgeführt und die Unterstimme von Cello bzw. Bass und Cembalo. Auf der Orgel werden die drei Stimmen von der rechten Hand, der linken Hand und den Füßen ausgeführt.

Formal besteht das barocke Trio aus einem, drei oder vier Sätzen. Bei mehrsätzigen Formen spricht man von Triosonaten. Typisch für das barocke Trio auf der Orgel ist ein Thema, das in einer Hand vorgestellt und von der anderen Hand beantwortet wird. Die Bassstimme im Pedal beteiligt sich nicht an der thematischen Arbeit, sie bildet nur die harmonische Grundlage.

Das Thema – Das Motiv

Die Begriffe Thema und Motiv lassen sich nur schwer voneinander abgrenzen.

Das Motiv ist die kleinste musikalische Sinneinheit. Das Thema ist die nächst größere Sinneinheit, die aus Motiven zusammengesetzt sein kann.

Übung 51   *Spielen Sie das dreitaktige Motiv, das mit den Funktionen T und D harmonisiert werden kann.*

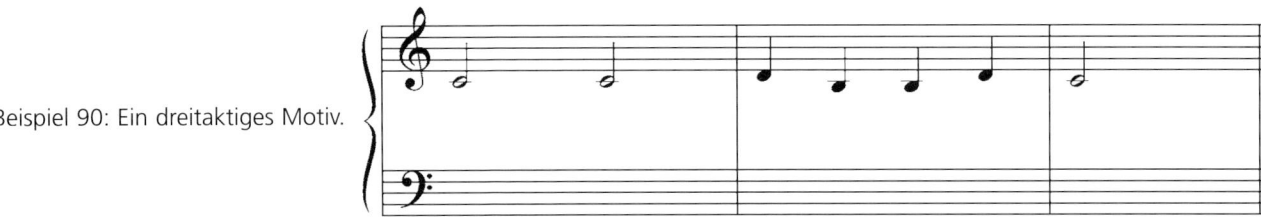

Beispiel 90: Ein dreitaktiges Motiv.

Übung 52   *Harmonisieren Sie das Motiv dreistimmig, indem*
- das Motiv in der Oberstimme von der rechten Hand gespielt wird,
- die linke Hand das Motiv in parallelen Terzen oder Sexten begleitet,
- die harmonische Funktion Tonika oder Dominante im Pedal erklingt.

Beispiel 91: Das dreistimmig harmonisierte Motiv.

Pedal

Das Weiterführen des Motivs

Unter dem Weiterführen des Motivs versteht man das Wiedererscheinen des Motivs in veränderter Form.

Die einfachste Form, das Thema weiterzuführen, besteht darin, es auf die Höhe des Tonikaakkordes zu heben. Durch das Heben vom Grundton auf die Terz und die Quinte gewinnt das Motiv an Intensität.

Übung 53   *Heben Sie das Motiv vom Grundton auf die Tonikaterz und die Tonikaquinte. Die linke Hand ergänzt in Terzen oder Sexten die harmonischen Funktionen der Tonika oder der Dominante.*

Beispiel 92: Das Motiv wird in der Oberstimme auf der Terz und der Quinte des Tonikaakkordes beantwortet.

Eine weitere Möglichkeit, das Motiv zu beantworten, ist die Klangfarbe zu verändern, d. h. das Motiv auf einem anderen Manual mit der anderen Hand zu spielen.

Übung 54   *Beantworten Sie das Motiv in der linken Hand. Die rechte Hand spielt in ganzen Notenwerten den fehlenden Akkordton. Achten Sie auf eine melodische Führung der Oberstimme.*

Beispiel 93: Das Motiv wird in der linken Hand beantwortet.

Die Imitation

Aus dem Monolog des Motivs in einer Hand kann sich ein Dialog entwickeln, wenn das Motiv, bevor es transponiert erscheint, in der anderen Stimme nachgeahmt (imitiert) wird.

Imitation ist die Nachahmung eines musikalischen Gedankens in einer anderen Stimme.

Übung 55   *Spielen Sie das zweitaktige Motiv auf dem Grundton und imitieren Sie es in der linken Hand. Transponieren Sie das Motiv auf die Terz und die Quinte des Tonikaakkordes und lassen Sie die entsprechende Imitation in der linken Hand folgen.*

Beispiel 94: Das Motiv in der rechten Hand wird von der linken Hand imitiert. Die andere Hand und das Pedal ergänzen die fehlenden Akkordtöne.

Übungsmotiv 1

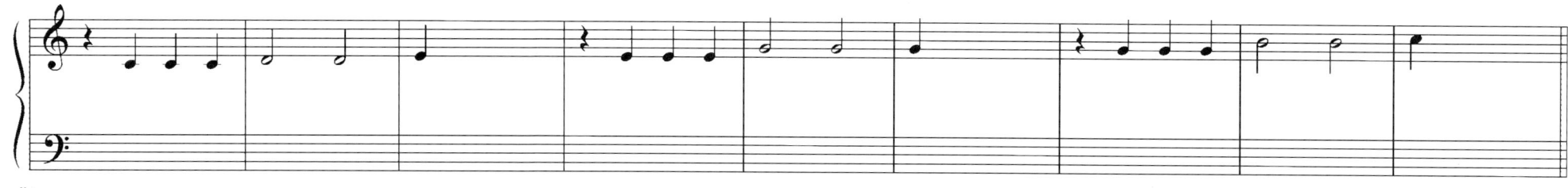

Übungsmotiv 2

56

Übungsmotiv 3

Übungsmotiv 4

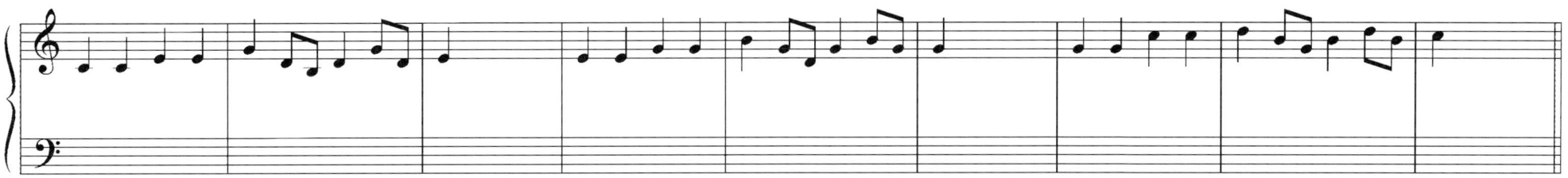

Übungsmotiv 5

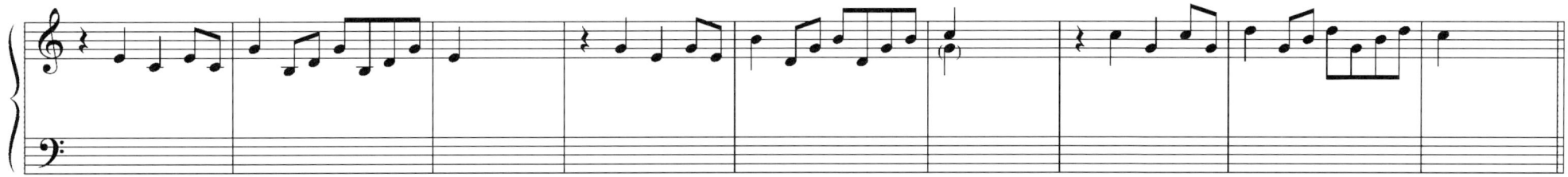

Beispiel(e) 95: Fünf Übungsmotive für Orgeltrios, die sich auf der Tonika und der Dominante bewegen.

Das harmonische Pendel T - S - T - D - T (I - IV - I - V - I)

Die Dreiklänge, die über den Tönen der Tonleiter errichtet werden können, unterscheiden sich in ihrem inneren Wesen und in ihrer Wirkung. Ausgangspunkt ist die Tonika als tonales Zentrum. Die Grenzen des tonalen Raumes stellt auf der einen Seite die Subdominante dar und auf der anderen Seite die Dominante. Werden sie in Beziehung gesetzt, so umkreisen sie den tonalen Raum, sodass kein anderer Dreiklang zur Darstellung der tonalen Ebene nötig ist. Sie werden Hauptfunktionen genannt und bilden als Einheit die Grundpfeiler jeder Tonart.

Die harmonischen Funktionen Tonika, Subdominante und Dominante werden Hauptfunktionen genannt, weil sie genügen, um eine Tonart vollständig darzustellen.

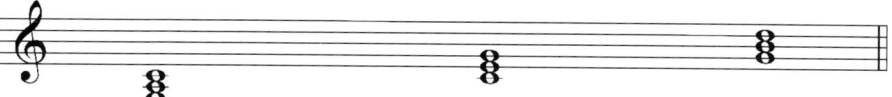

Beispiel 96: Die drei Hauptfunktionen, die eine Tonart vollständig darstellen.

Übung 56   Stellen Sie die Tonart dar, indem Sie von der Tonika zu den Eckpunkten der Tonart und zurück gehen.

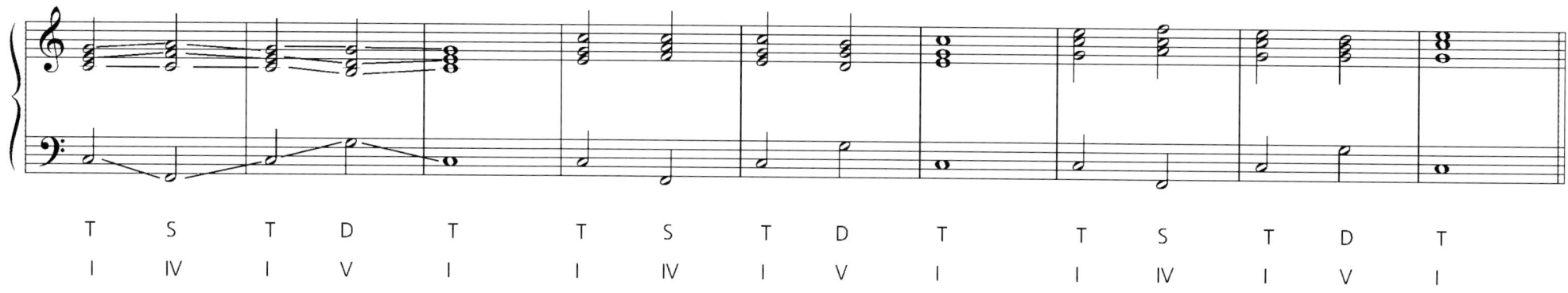

Beispiel 97: Die Darstellung der Tonart mit dem Weg von der Tonika zu den harmonischen Eckpunkten (S, D).

Gleiche Töne bleiben in der gleichen Stimme liegen. Die anderen Stimmen werden in Gegenbewegung geführt. Die Harmonie pendelt von der Tonika zur Subdominante bzw. zur Dominante und wieder zurück zur Tonika.

Ein harmonisches Pendel ist ein Harmoniewechsel, der zur Ausgangsfunktion zurückkehrt.

Die Kadenz in Dur T - S - D - T (I - IV - V - I)

Durch den Weg zurück zur Tonika nimmt im harmonischen Pendel die Spannung immer wieder ab. Die meiste musikalische Energie kann entwickelt werden, wenn die Tonart durch die drei Hauptfunktionen bei Zunahme der Spannung dargestellt wird. Den Impuls zur Bewegung gibt die Anfangstonika. Sie geht den Weg zur Subdominante, weil sie durch einen Leittonschritt verbunden ist. Die Subdominante wechselt zur Dominante, die mit ihrer höheren Spannungsqualität zur Zieltonika drängt und in ihr die Entspannung findet. Weil die Bassstimme in zwei Quinten abwärts fällt, wird die Folge T - S - D - T „Kadenz" genannt, abgeleitet vom lateinischen Wort „cadere = fallen, stürzen, enden".

Die Kadenz ist die vollständige Darstellung einer Tonart.

Die Primärkadenz T - S - D - T ist die kürzeste, vollständige und zwingendste Darstellung einer Tonart.

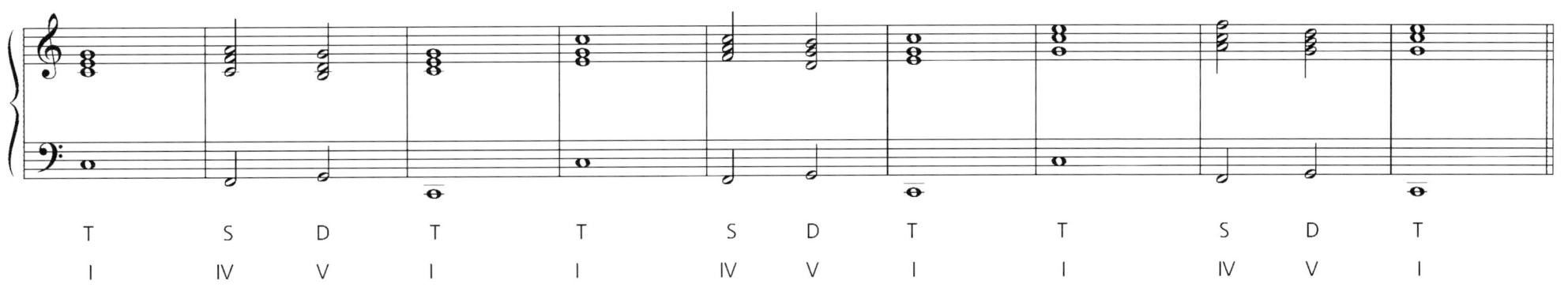

Beispiel 98: Die Primärkadenz, die auf kürzeste und eindeutigste Art die Tonart festlegt.

In der Verbindung T - S und D - T bleiben gemeinsame Töne in der gleichen Stimme liegen. Subdominante und Dominante weisen keine gemeinsamen Töne auf, deshalb werden sie zur Vermeidung von Parallelen in Gegenbewegung geführt.

Die Kadenz wurde im Laufe der Musikgeschichte zum Grundprinzip der durmolltonalen Musik, das Sinn und Form stiftet. Sie bildet das tragende Element, aus dem Kompositionen bestehen.

Weil die Kadenz alle Töne der Tonleiter enthält, genügen die drei Kadenzfunktionen, um Melodien, die aus den Tönen der Tonleiter bestehen, zu harmonisieren.

Übung 57   Harmonisieren Sie die achttaktigen Melodien in der Oberstimme. Verwenden Sie die Kadenzfunktionen Tonika, Subdominante und Dominante.

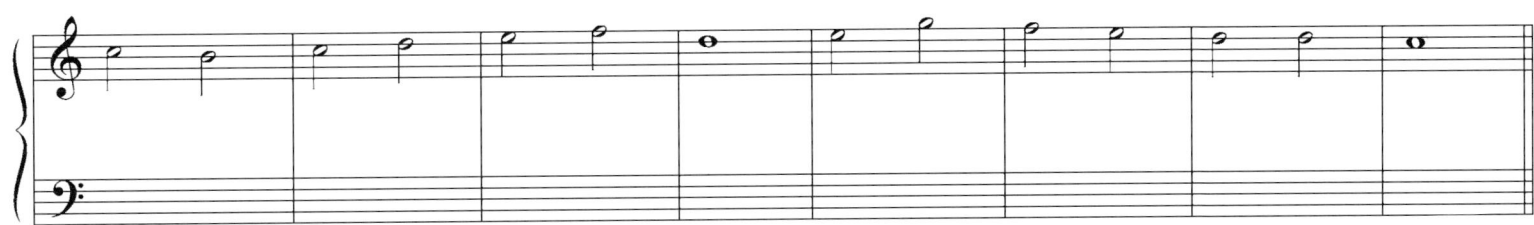

Beispiel(e) 99: Melodien, die mit den drei Kadenzfunktionen Tonika, Subdominante und Dominante harmonisiert werden können.

Geistliche Volkslieder sind einfach gehalten, um möglichst vielen das Mitsingen zu ermöglichen. In der Regel bewegen sie sich in zwei nahe liegenden rhythmischen Werten, meistens Halbenoten und Viertelnoten.

Übung 58

Harmonisieren Sie die achttaktigen Melodien mit den Grundfunktionen Tonika, Subdominante und Dominante. Improvisieren Sie zuerst die Bassstimme zur Oberstimme. Ergänzen Sie die beiden Mittelstimmen. Reduzieren Sie den Satz auf einen dreistimmigen Satz mit Grundton, Terz und Quinte. Vorsicht bei der Verbindung Subdominante – Dominante. Oft kann die Verbindung Subdominante – Tonika die Oktavparallelen umgehen.

Beispiel 100: Die achttaktige Melodie.

Beispiel 101: Die achttaktige Melodie mit improvisierter Bassstimme.

Beispiel 102: Die achttaktige Melodie mit ergänzten Mittelstimmen.

Beispiel 103: Beispiel 102 als dreistimmiger Satz. Die rechte Hand greift Terzen und Sexten.

Beispiel(e) 104: Weitere achttaktige Melodien in C-Dur und in G-Dur.

Der harmonische Satz auf der Orgel

Der vierstimmige Satz kann die gedachte Grundlage für die dreistimmige Darstellung auf der Orgel bilden.

Übung 59   Verteilen Sie den dreistimmigen Satz auf zwei Manuale und das Pedal.

Beispiel 105: Der dreistimmige Satz von Beispiel 103 als Trio auf zwei Manualen und Pedal.

Das Praeludium

Durmolltonale Musikstücke beginnen und enden mit kadenziellen Abläufen, d. h. die Tonart wird mit den Kadenzfunktionen Tonika, Subdominante und Dominante am Anfang der Komposition festgelegt und nach einem Gang in andere Tonarten am Ende wieder erreicht. Sehr kurze Praeludien können sich mit Kadenzabläufen begnügen. Jeder Stil hat seine eigene Harmonik und seine eigene Art, die Harmonie aufzufächern. Eine typisch barocke Art, die Harmonie aufzulösen und damit zu einer musikalischen Aussage zu gelangen ist z. B.:

Beispiel 106: Das harmonische Gerüst und eine barocke Art, die Harmonie aufzulösen.

Übung 60   *Lösen Sie die kadenzierenden harmonischen Abläufe in barocker Manier auf.*

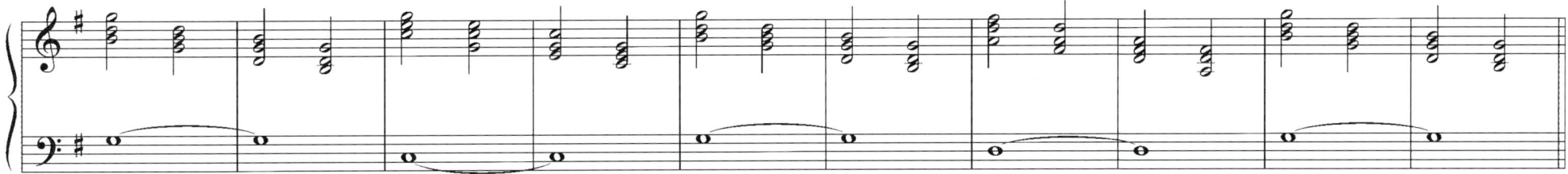

Beispiel 107: Die harmonische Vorlage.

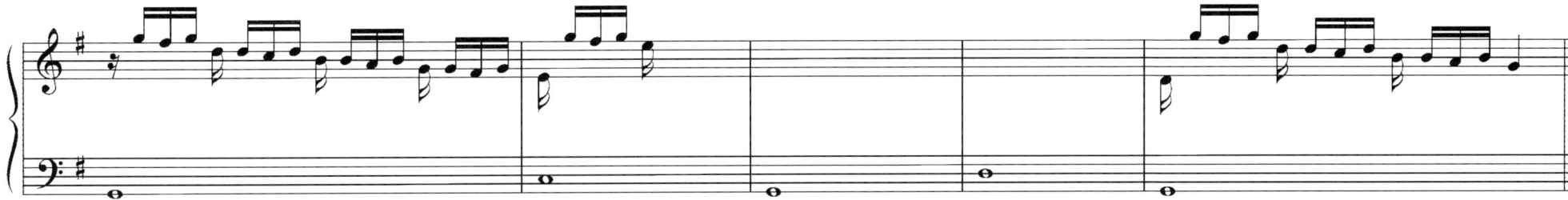

Beispiel(e) 108: Drei barocke Arten, eine Harmonie zu entfalten.

Übung 61   *Erstellen Sie das harmonische Modell für kurze Praeludien, die unterschiedlich ausgestaltet werden können.*

Beispiel 109: Ein harmonisches Modell für kurze Praeludien.

Übung 62   *Lösen Sie das harmonische Modell von Beispiel 109 mit den in Beispiel 108 gewonnenen Möglichkeiten auf.*

Beispiel 110: Das harmonische Modell von Beispiel 109 figurativ ausgestaltet.

Übung 63   Mischen Sie die figurativen Elemente von Beispiel 108 und improvisieren Sie freie kurze Praeludien in der gleichen Art.

Beispiel 111: Ein freies Praeludium mit den kompositorischen Mitteln von Beispiel 108.

Die Kadenz in Moll t - s - D - t (i - iv - V - i)

Die Funktionen, die in der Kadenz wirken, sind

die Tonika,　　　　　sie ist ein in sich ruhender Entspannungsklang und bildet deshalb den Ausgangsklang und den Schlussklang. Sie ist der zentrale Bezugsklang,

die Dominante,　　　　sie stellt als Spannungsklang das notwendige Gegenüber zur Tonika dar,

die Subdominante,　　　ihre Klangqualität bedeutet nicht notwendige Vervollständigung.

Übung 64   Üben Sie die vollständige Kadenz in Moll, mit der Tonika und der Subdominante als Mollakkord und der Dominante als Durakkord.

Beispiel 112: Die Kadenz in a-Moll.

Beispiel 113: Die Kadenz in e-Moll.

Wegen des starken Spannungsgehaltes ist die Dominante in Moll ein Durakkord. Gleiche Töne bleiben in derselben Stimme liegen. Zur Vermeidung von Parallelen werden Subdominante und Dominante in Gegenbewegung geführt.

Die Kadenz verkörpert das urmenschliche Prinzip von Spannung und Entspannung.

Die Folgen von Entspannung auf Spannung wird vom menschlichen Ohr als gliedernd und damit formbildend wahrgenommen. Ursache ist das Zusammenwirken von Ebenen in der Kadenz, die verbindend wirken, wie z. B. gemeinsame Töne, Leittonbeziehungen, Ähnlichkeit im Klangcharakter und Ebenen, die trennend wirken, wie z. B. das Fehlen von gemeinsamen Tönen, weite Abstände der Grundtöne, unterschiedlicher Klangcharakter.

Eine Akkordfolge hat Kadenzcharakter, wenn trennende und verbindende Klangeigenschaften zusammenwirken.

Übung 65   *Harmonisieren Sie die achttaktigen Melodien in Moll in der Oberstimme mit den Kadenzfunktionen Tonika (t), Subdominante (s) und Dominante (D). Vermeiden Sie die Oktavparallelen bei der Verbindung s - D durch Gegenbewegung der Außenstimmen.*

Beispiel(e) 114: Melodien in Moll, die mit den drei Kadenzfunktionen harmonisiert werden können.

Das Praeludium

Der Komponist Franz Xaver Murschhauser, der 1663 in Zabern (heute Saverne/Elsass) getauft wurde, war zeit seines Lebens in München tätig, wo er 1738 starb. Er war u. a. Schüler des Hofkapellmeisters Johann Kaspar Kerll. 1696 veröffentlichte er sein erstes Werk „Octi – Tonium Novum Organicum", eine Sammlung von neun Zyklen, vier Variationsreihen und einer Suite für Cembalo. Jeder der neun Zyklen enthält fünf Fugen, umrahmt von einem Praeambulum und einem Finale. Die Zyklen sind nach den Kirchentonarten geordnet. Im süddeutschen Barock sind die Orgelkompositionen den Erfordernissen der katholischen Liturgie entsprechend kurz gehalten.

Übung 66   Spielen Sie das Praeambulum zu Murschhausens Zyklus im vierten Ton (quarti toni).

Beispiel 115: F. X. A. Murschhauser (1663-1738) „Praeambulum quarti toni"

Übung 67   Reduzieren Sie das „Praeambulum quarti toni" von Murschhauser auf sein harmonisches Grundgerüst.

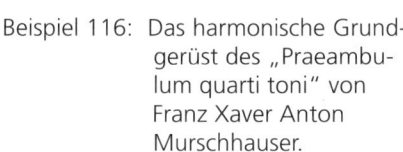

Beispiel 116: Das harmonische Grundgerüst des „Praeambulum quarti toni" von Franz Xaver Anton Murschhauser.

Übung 68   Reduzieren Sie das Praeambulum von Murschhauser weiter auf seine harmonischen Grundstrukturen.

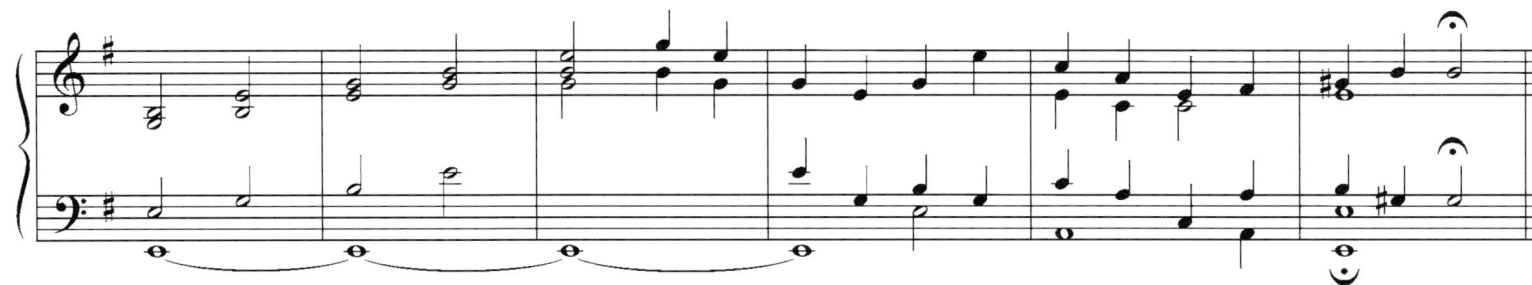

Beispiel 117: Das harmonische Grundgerüst von Beispiel 116, weiter reduziert auf die harmonische Grundstruktur.

Das Praeambulum schreitet in Lagenwechsel den Tonikaraum und den Subdominantraum ab. Die harmonische Bewegung beginnt langsam in halben Noten und beschleunigt sich auf Viertelnoten.

Übung 69   Entwerfen Sie harmonische Grundmodelle, die den Tonraum der drei Kadenzfunktionen t, s und D mit Lagenwechsel durchschreiten. Die harmonische Bewegung beginnt in Halbenoten und beschleunigt sich auf Viertelnoten.

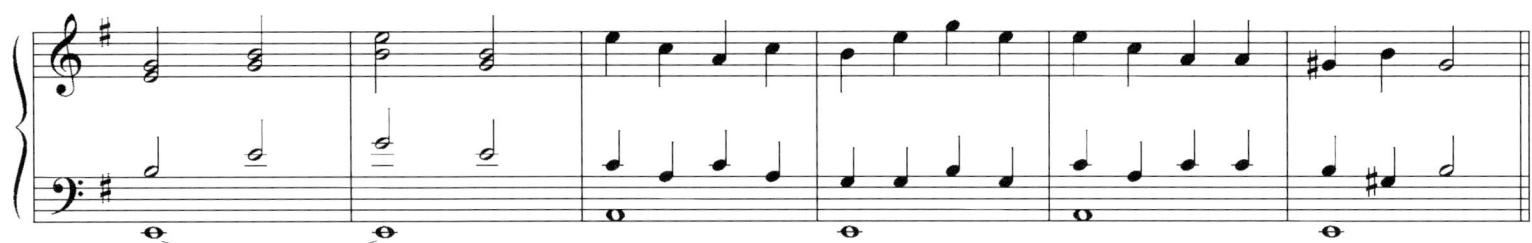

Beispiel 118: Ein harmonisches Grundgerüst nach dem Vorbild von F. X. A. Murschhausers „Praeambulum quarti toni".

Übung 70 *Figurieren Sie die harmonischen Grundgerüste von Beispiel 118. Folgen Sie dem Beispiel von Murschhausers „Praeambulum quarti toni". Die abwechselnde Figuration steigert sich zur parallel geführten Figuration, bis sie sich schließlich auf der Durtonika entspannt. Figurieren Sie Ihre eigenen harmonischen Modelle von Übung 69.*

Beispiel 119: Das harmonische Gerüst von Beispiel 118, figuriert in der Art des „Praeambulum quarti toni" von F. X. A. Murschhauser.

Die Ciacona – Die Chaconne

Johann Gottfried Walther schreibt im „Musikalischen Lexikon" von 1732:

> „Ciacona (ital.) Chaconne (gall.) ist eigentlich ein Tantz, und ein Instrumentalpiéce, deren Baß-Subjectum oder thema gemeiniglich aus vier Tacten in 3/4 bestehet, und so lange als die darüber gesetzte Variationes oder Couplets währen immer obligat, d. i. unverändert bleibet ..."

Das nahe liegendste Bassthema für eine Ciacona stellt die Kadenzfolge t - s - D - t (i - iv - V - i) dar.

Beispiel 120: Die Kadenz in e-Moll im Dreivierteltakt.

Übung 71   Spielen Sie die nachfolgende Ciacona über die Kadenz in e-Moll. Machen Sie sich die verschiedenen Variationsmöglichkeiten bewusst.

Beispiel 121: Ciacona mit zwölf Variationen über dem Bass der Kadenz in e-Moll.

Übung 72   *Führen Sie die angefangenen Variationen über die Kadenz in G-Dur zu Ende.*

Beispiel 122: Ciacona mit zehn Variationen über die Kadenz in G-Dur.

Beide Beispiele weisen eine Entwicklung auf, die Harmonie wird in immer kleiner werdenden Notenwerten gebrochen. Die Notenwerte verlangsamen sich gegen Ende des Stückes, um eine kompositorische Symmetrie zu erreichen. Um möglichst viele Variationsmöglichkeiten zu erhellen, machen wir uns die rhythmischen Unterteilungsmöglichkeiten eines Taktes, also einer punktierten Halbenote, klar.

Beispiel 123: Die gebräuchlichsten Unterteilungsmöglichkeiten einer punktierten Halbenote bis zur Unterteilung in Achtelnoten.

Übung 73   *Erweitern Sie die Unterteilungsmöglichkeiten von Beispiel 123 mit Pausen.*

Beispiel 124: Die rhythmischen Möglichkeiten von Beispiel 123
werden mit Pausen erweitert.

Übung 74   *Probieren Sie die Möglichkeiten, einen Ak-*
kord zu brechen
- in gleichen Notenwerten (Viertelnoten,
Achtelnoten),
- in unterschiedlichen Notenwerten.

Experimentieren Sie
- mit einem dreistimmigen / vierstimmigen
Akkord,
- ohne Pausen / mit Pausen.

Beispiel 125: Verschiedene Möglichkeiten, einen dreistimmigen bzw. vierstimmigen Akkord zu brechen.

Übung 75   *Setzen Sie die neu gewonnenen Möglich-*
keiten in eine Ciacona um, deren Grundlage
die Kadenz in d-Moll und F-Dur bildet.

Die Nebendreiklänge in Dur –

Die leitereigene Terzverwandtschaft Tg, Tp, Sg, Sp, Dp (iii, vi, vi, ii, iii)

Von den sieben Akkorden, die über den Tönen der Durtonleiter gebildet werden können, sind die Akkorde auf der ersten, fünften und vierten Stufe – Tonika, Dominante und Subdominante – die wichtigsten und werden daher die Hauptdreiklänge genannt. Die Akkorde auf der zweiten, dritten und sechsten Stufe sind Molldreiklänge. Sie haben mit den Hauptdreiklängen gemeinsame Töne.

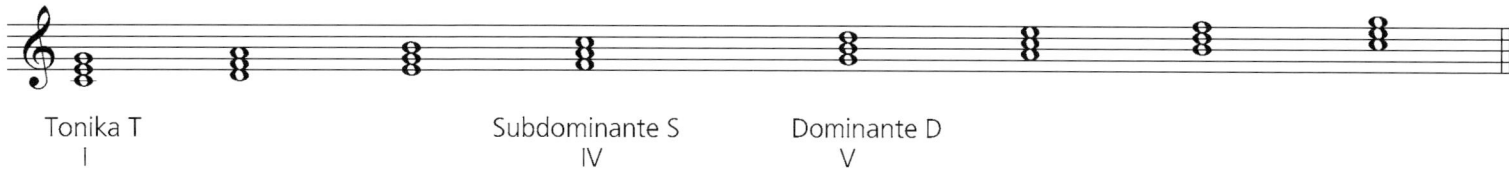

Tonika T
I

Subdominante S
IV

Dominante D
V

Beispiel 126: Die Dreiklänge über den Tönen der C-Dur-Tonleiter.

Jeder Hauptdreiklang hat zwei leitereigene Dreiklänge, die gemeinsame Töne mit ihm haben. Die Grundtöne der Dreiklänge stehen im Abstand der großen Terz bzw. der kleinen Terz. Sie werden Nebendreiklänge genannt. Die Nebendreiklänge sind mit den Hauptdreiklängen terzverwandt.

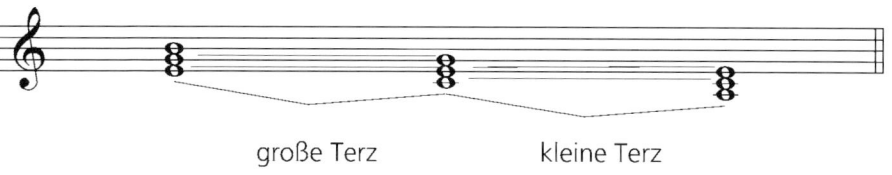

große Terz   kleine Terz

Beispiel 127: Die leitereigene Terzverwandtschaft.

**Parallele oder Parallelklang ist der leitereigene Nebendreiklang, dessen Grundton im Abstand einer kleinen Terz zum Hauptdreiklang steht.
Gegenklang ist der leitereigene Nebendreiklang, dessen Grundton im Abstand einer großen Terz zum Hauptdreiklang steht.**

Um den Kadenzraum auszuweiten, können die Nebendreiklänge die Hauptdreiklänge als Klang und als Funktion vertreten, d. h. die Nebendreiklänge können im kadenziellen Ablauf die Position der Hauptdreiklänge einnehmen.

Die Kadenzfunktionen und ihre Vertreter in Dur

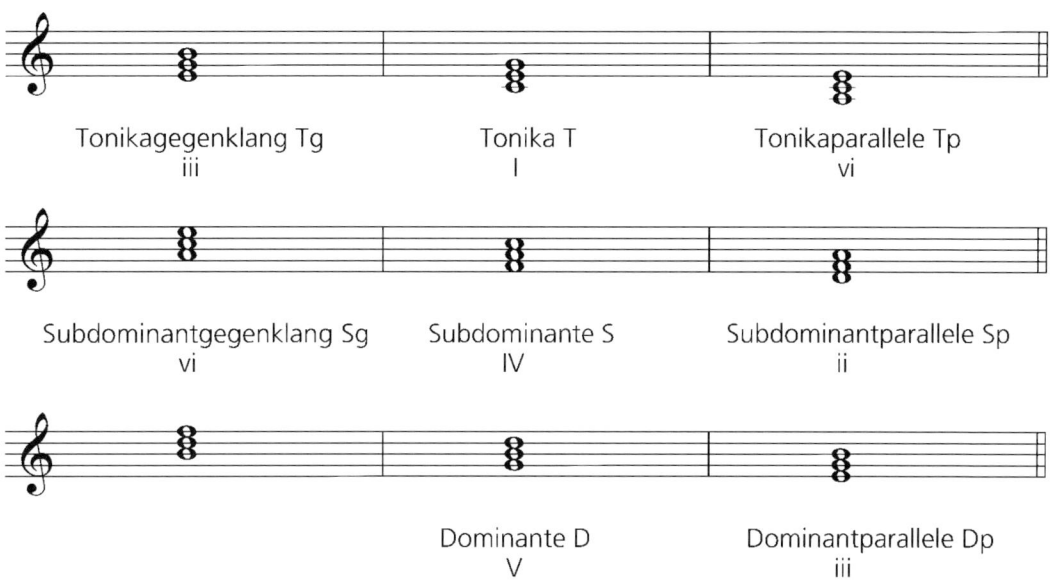

Tonikagegenklang Tg   Tonika T   Tonikaparallele Tp
iii   I   vi

Subdominantgegenklang Sg   Subdominante S   Subdominantparallele Sp
vi   IV   ii

Dominante D   Dominantparallele Dp
V   iii

Beispiel(e) 128: Die Kadenzfunktionen in Dur und ihre Vertreter

Da die **Parallelklänge** den Grundton der Hauptdreiklänge enthalten, **werden** sie **in Dur als Vertreter der Hauptdreiklänge bevorzugt**. Die Gegenklänge nehmen wesentlich seltener die Vertreterfunktion in Dur ein, weil in einer fallenden Terzverbindung ein neuer Grundton erscheint und diese deshalb stärker wirkt als eine steigende Terzverbindung.

Übung 76   *Üben Sie die folgende Kadenz und ihre Vertreter in allen Lagen und Tonarten bis zu vier Vorzeichen.*

Beispiel(e) 129: Die Kadenzfunktionen in Dur und ihre Vertreter in allen Lagen.

Weil die Vertreterklänge ein anderes Tongeschlecht als die Hauptdreiklänge aufweisen, bewirken sie einen Wechsel der Farbe und der Stimmung. Die Vertreterklänge überlagern und mildern die funktionelle Spannung der Hauptdreiklänge. Ihre Verwendung bedeutet eine Verfeinerung und eine klangliche Bereicherung des Satzes.

Übung 77   Harmonisieren Sie die C-Dur-Tonleiter mit den Kadenzfunktionen und ihren Vertretern. Üben Sie das harmonische Modell in Durtonarten bis zu vier Vorzeichen.

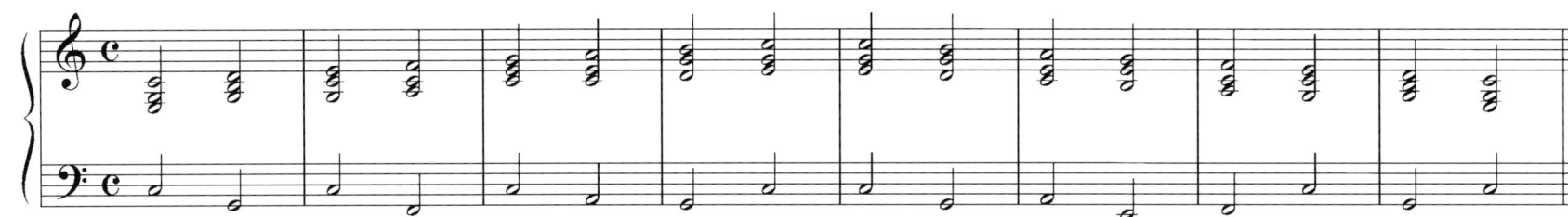

Beispiel 130: Die Tonleiter in C-Dur, harmonisiert mit den Kadenzfunktionen und ihren Vertretern.

Übung 78   *Harmonisieren Sie die Oberstimmen mit den Hauptfunktionen und deren Vertretern.*

Beispiel(e) 131: Melodien, die mit den Hauptfunktionen und deren Vertreterklängen harmonisiert werden können.

Die Intonation – Die Barform – Der Hymnus

Vor dem gemeinsamen Singen eines Kirchenliedes ist es nötig, das Lied kurz vorzustellen. Die Intonation soll der Gemeinde die Tonart, das Tempo und den Charakter des Kirchenliedes vorgeben.

Die Intonation ist das kurze Anspielen (Ansingen) eines Gesanges.

Übung 79   *Harmonisieren Sie das Kirchenlied vierstimmig mit den*
         - Hauptfunktionen T (I), S (IV), und D (V) sowie mit den
         - Stellvertretern Tp (vi), Sp (ii) und Dp (iii).

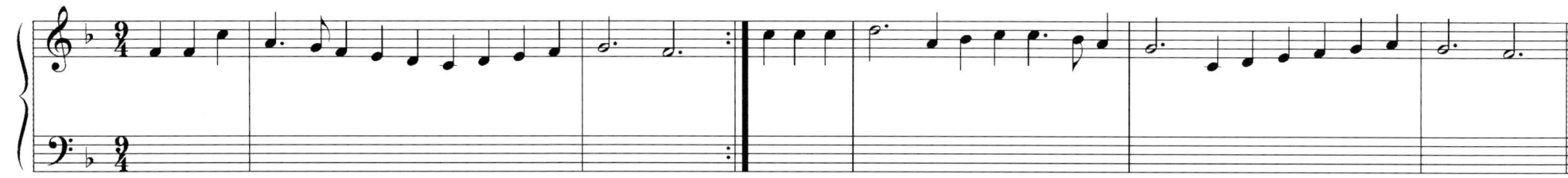

Beispiel 132: „Lobe den Herren, den mächtigen König der Ehren".

Beispiel 133: „Nun danket all und bringet Ehr".

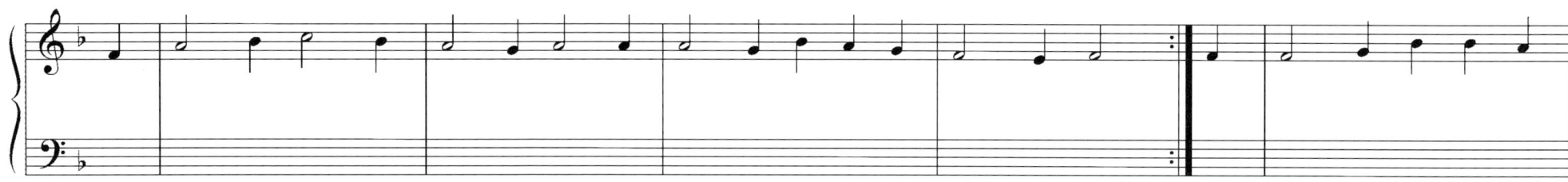

Beispiel 134: „Allein Gott in der Höh sei Ehr".

Kirchenlieder können sehr unterschiedliche Formen aufweisen. Sehr häufig wird der erste Sinnabschnitt wiederholt, bevor das Lied in einem weiteren Abschnitt zum Ende kommt. Der Formteil a wird Stollen genannt. Die beiden Formteile a bilden zusammen den „Aufgesang", der Formteil b den „Abgesang".

Die Barform ist ein Lied, das die Form a – a – b aufweist.
Der Hymnus (Lobgesang) ist ein altchristliches Strophenlied, das sich in der Regel in vier Zeilen gliedert.

Die Barform findet sich in den beiden Kirchenliedern von Beispiel 132 und Beispiel 134, Beispiel 133 hat mit seinen vier Zeilen eine hymnische Form.

Beispiel 135: „Lobe den Herren, den mächtigen König der Ehren" vierstimmig harmonisiert.

Die einfachste Art der Intonation ist, den ersten Sinnabschnitt des Liedes vorzustellen. Die meisten Kirchenlieder beginnen mit dem Grundton. Endet der erste Sinnabschnitt des Liedes wieder auf dem Grundton, so hat der Hörer den Eindruck der Geschlossenheit.

Oft gehen die Sinnabschnitte des Textes parallel zu den Sinnabschnitten des Liedes. Sie sind an der Zeichensetzung (Komma, Punkt) erkennbar, aber auch an Pausen, Wiederholungszeichen und Atemzäsuren.

Spielen Sie die erste Sinneinheit der Lieder von Beispiel 132 bis Beispiel 134 bis zum Erreichen des Grundtones als Intonation. Lassen Sie die Bassstimme in der linken Hand folgen. Sie kann immer auf eine betonte Zählzeit einsetzen (erste, dritte, sechste Zählzeit). Lassen Sie eine Alt- und eine Bassstimme folgen. Lassen Sie eine Alt-, Bass- und Tenorstimme folgen. Die Grundlage bildet die vierstimmige Harmonisierung (Beispiel 135).

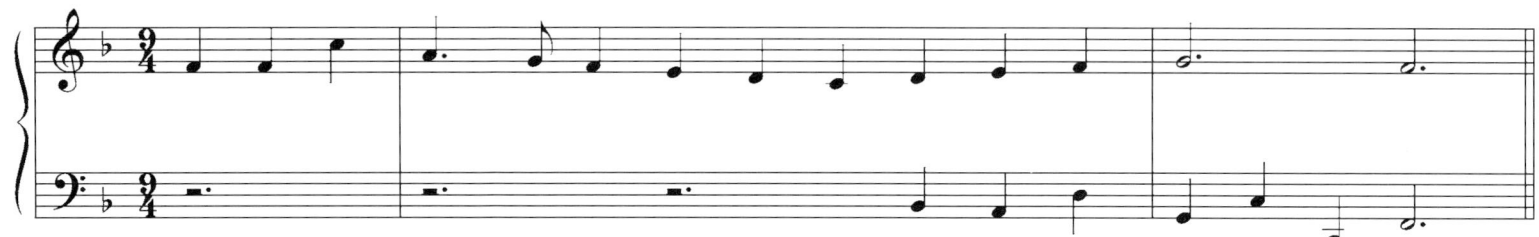

Beispiel 136: Eine zweistimmige Intonation zu „Lobe den Herren", nach der harmonischen Vorlage von Beispiel 135. Die Bassstimme setzt gegen Ende ein.

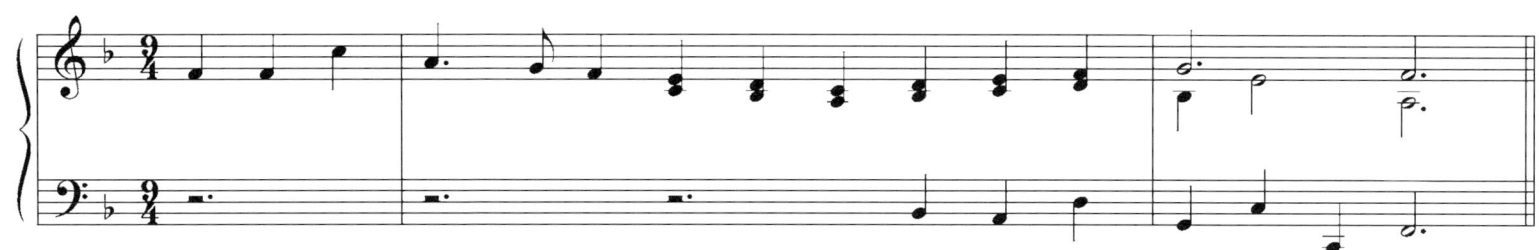

Beispiel 137: Eine zweistimmige Intonation zu „Lobe den Herren", bei der die Stimmen nacheinander einsetzen. Terz- und
Sextklänge werden bevorzugt (siehe Takt 2, sechste Zählzeit, und Takt 3, erste Zählzeit).

Beispiel 138: Eine vierstimmige Intonation zu „Lobe den Herren", bei der die Stimmen nacheinander einsetzen.

Meist handelt es sich bei der Harmonisierung von Melodien nur um einen Ton, der durch den Vertreterklang eine andere harmonische Färbung erhält.

Folgt einem Vertreterklang eine Harmonie im Quint- bzw. Quartabstand, so hat die Harmonie die Tendenz, die Funktion der Dominante zu übernehmen, obwohl sich innerhalb der Tonart Molldominanten ergeben können. Der Vertreterklang gewinnt an Eigenständigkeit. Man spricht von einer „uneigentlichen Dominante".

Übung 81   Lassen Sie der Harmonie auf der ersten Zählzeit des Taktes deren dominantisierende fünfte Stufe folgen. Spielen Sie die Harmoniefolge in allen Lagen.

Beispiel(e) 139: Die Harmonien auf der ersten, sechsten und vierten Stufe und deren dominantisierende fünfte Stufe.

Eine in Quarten fallende Basslinie mit dazwischenliegenden steigenden Sekunden wird als „Pachelbelsequenz" oder „Romanesca-Bass" bezeichnet.

Sie ist benannt nach dem wohl bekanntesten Werk von Johann Pachelbel (1653-1706), dem „Kanon und Gigue für Streicher in D-Dur" bzw. nach der „Romanesca", einem alten Tanz.

Übung 82   *Lösen Sie die Harmonien in der rechten Hand von Beispiel 139 in eine auftaktige Sechzehntelbewegung auf. Suchen Sie weitere Auflösungsmöglichkeiten.*

Beispiel(e) 140: Die Harmonien in der rechten Hand von Beispiel 139 werden in eine auftaktige Sechzehntelbewegung aufgelöst.

Übung 83   *Lösen Sie die Harmonie in der linken Hand auf, während die rechte Hand akkordisch weiterläuft. Im Gegensatz zur Figuration der rechten Hand muss in der linken Hand beim Erscheinen einer neuen Harmonie (also auf der ersten und dritten Zählzeit) der Grundton erscheinen, weil die Unterstimme die harmonische Funktion festlegt. Suchen Sie weitere Auflösungsmöglichkeiten.*

Beispiel(e) 141: Die Harmonien in der linken Hand von Beispiel 139 werden in eine auftaktige Sechzehntelbewegung aufgelöst.

Das Praeludium – Der Dialog der Stimmen

Die in Beispiel 139 bis Beispiel 141 geübte Harmoniefolge bietet die Möglichkeit, in geordneten Schritten, wie ein höfischer Tanz des 18. Jahrhunderts den (Ton-)Raum zu durchschreiten. In seinem „Praeambulum quinti toni irregularis" schreitet Franz Xaver Anton Murschhauser durch den C-Dur-Raum und stellt das Tonmaterial vor.

Übung 84   *Spielen Sie das „Praeambulum quinti toni irregularis" von F. X. A. Murschhauser und fassen Sie es zu seinem harmonischen Gerüst zusammen.*

Beispiel 142: Praeambulum Quinti toni irregularis von F. X. A. Murschhauser.

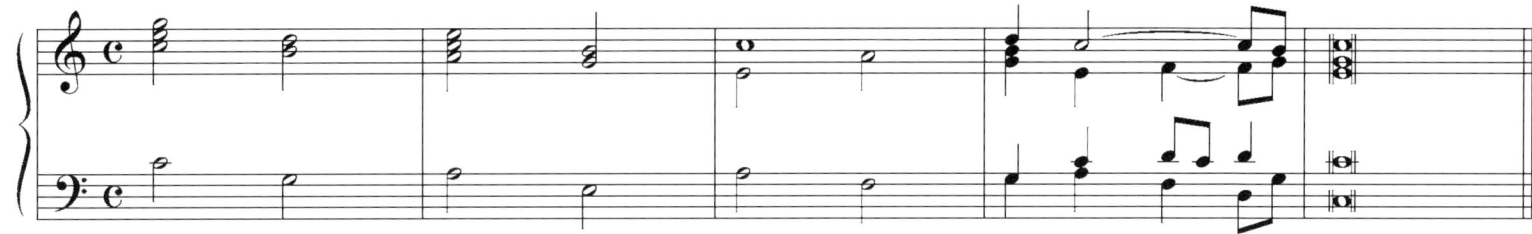

Beispiel 143: Das harmonische Gerüst von Beispiel 142.

In den ersten beiden Takten treten die Oberstimme und die Unterstimme in Dialog zueinander. Das Motiv, das aus einer auftaktigen Gruppe von sieben Sechzehnteln besteht, die auf eine Halbenote als Zielnote hinführen, wird konsequent durchgeführt. Während sich die ersten beiden Takte entsprechen, ist der Motivkopf im dritten Takt ausschließlich in der Unterstimme zu finden. Im vierten Takt erscheint der Motivkopf in absteigender Einsatzfolge dreimal und mündet mit einer Vorhaltsbildung in den Schlussakkord. Die dialogisierende Aufteilung in Motivhand und Begleithand ist ein typisches barockes Gestaltungsprinzip, das in dieser klaren Form besonders bei süddeutschen barocken Komponisten wie z. B. Georg Muffat zu finden ist.

Übung 85   *Nehmen Sie das „Praeambulum quinti toni irregularis" als Improvisationsgerüst und führen Sie ähnliche Motive mit demselben harmonischen Gerüst durch. Behalten Sie die Vorhaltsbildung auf der dritten und vierten Zählzeit im vorletzten Takt bei.*

Beispiel 144: Ein ähnliches Motiv für die Durchführung durch das „Praeambulum quinti tonis irregularis".

Beispiel 145: Das „Praeambulum quinti toni irregularis" mit dem Motiv von Beispiel 144.

Beispiel(e) 146: Weitere Motive zur Durchführung.

Übung 86 *Präludieren Sie in der gleichen Art und Weise mit einem anderen harmonischen Modell. Übernehmen Sie die beiden letzten Takte vom „Praeambulum quinti toni irregularis" von F. X. A. Murschhauser.*

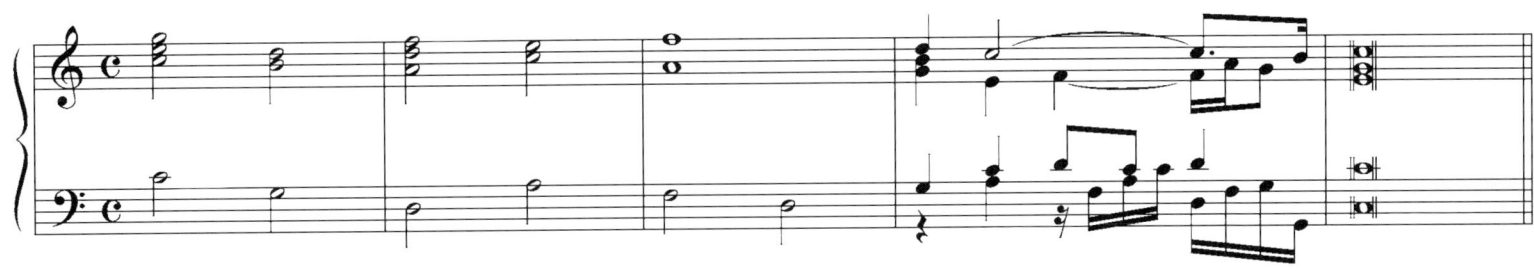

Beispiel 147: Ein anderes harmonisches Modell für ein Praeambulum à la Murschhauser. Die dritte und
die vierte Zählzeit im vorletzten Takt sind in Anlehnung an das Original gestaltet.

Die Nebendreiklänge in Moll – Die Vielschichtigkeit der Molltonalität

Bildet man über der reinen Molltonleiter Terzschichtungen, so ergibt sich über der fünften Stufe ein Molldreiklang, die Molldominante (d bzw. v).

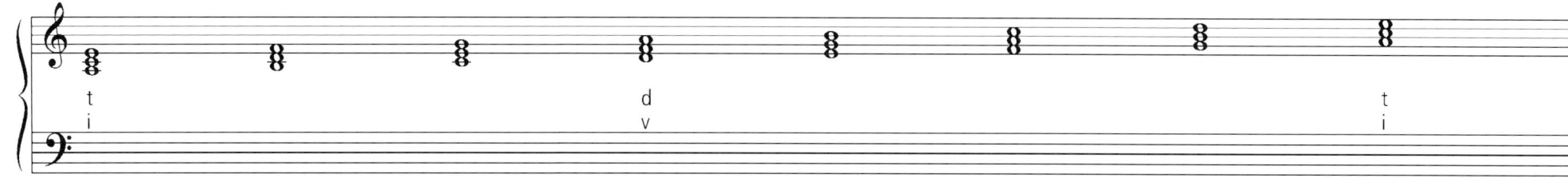

Beispiel 148: Als Terzschichtung über der fünften Stufe der Molltonleiter ergibt sich ein Mollakkord, die Molldominante (d).

Der Mollakkord auf der fünften Stufe der Molltonleiter wird als schwach empfunden, deshalb wird als Dominante in Moll der Durakkord von der fünften Stufe der Durtonleiter entlehnt. Durch die Erhöhung der siebten Stufe (der Ton g wird zu gis) entsteht die harmonische Molltonleiter.

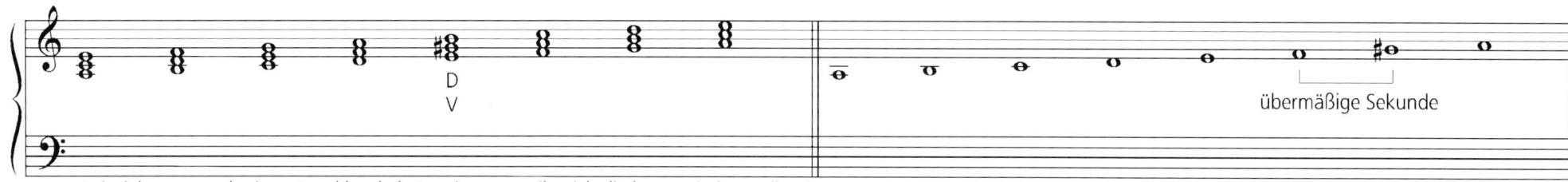

Beispiel 149: Durch einen Durakkord als Dominante ergibt sich die harmonische Molltonleiter mit der Erhöhung der siebten Stufe.

Die Erhöhung der siebten Stufe hat zur Folge, dass der Schritt von der sechsten zur siebten Stufe zu einer übermäßigen Sekunde wird, ein Intervall, das als nicht melodisch empfunden wird. Vor allem bei stufenweise aufsteigender Linie wird das unsangliche Intervall durch die Erhöhung der sechsten Stufe (der Ton f wird zu fis) umgangen. Die Subdominante in Moll s (iv) wird zur Dursubdominante S (IV).

Beispiel 150: Durch die zusätzliche Erhöhung der sechsten Stufe ergibt sich die melodische Molltonleiter.

Die Durchdringung des Mollgeschlechts durch das Durgeschlecht ergibt ein vielschichtigeres Bild der Vertreterklänge als in Dur.

Die leitereigene Terzverwandtschaft in Moll tG, tP, sP, dG, dP (VI, III, VI, III, VII)

Terzverwandt werden Klänge bezeichnet, deren Grundtöne den Abstand einer kleinen oder einer großen Terz aufweisen. Jeder Hauptdreiklang hat zwei leitereigene Dreiklänge, die terzverwandt sind und zwei gemeinsame Töne aufweisen. Die beiden terzverwandten Klänge werden „Nebendreiklänge" genannt.

Liegen die Grundtöne des Hauptdreiklanges und des Nebendreiklanges eine kleine Terz auseinander, so spricht man von einem „Parallelklang" (P = paralleler Durdreiklang, p = paralleler Molldreiklang).

Weisen die Grundtöne des Hauptdreiklanges und des Nebendreiklanges den Abstand einer großen Terz auf, so nennt man den Nebendreiklang „Gegenklang" (G = Durdreiklang, g = Molldreiklang).

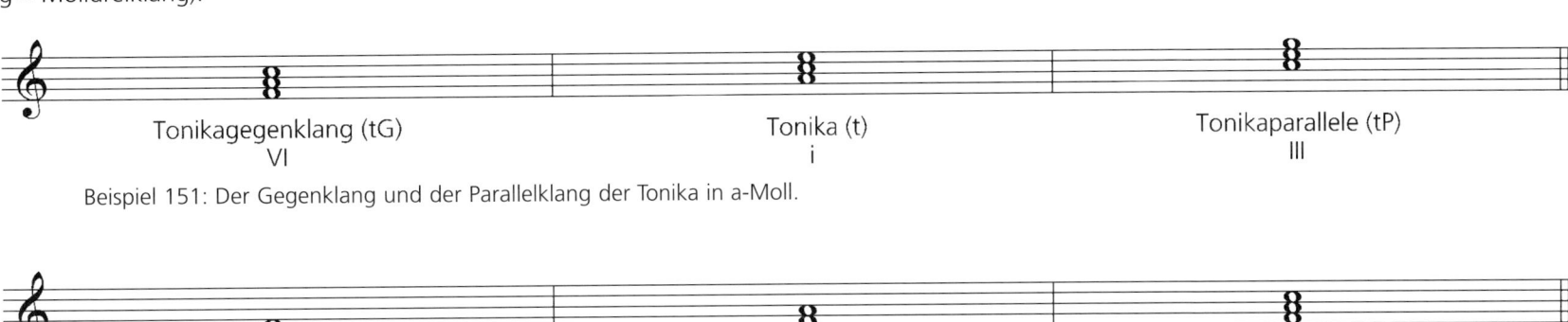

Beispiel 151: Der Gegenklang und der Parallelklang der Tonika in a-Moll.

Beispiel 152: Der Parallelklang der Subdominante in a-Moll.

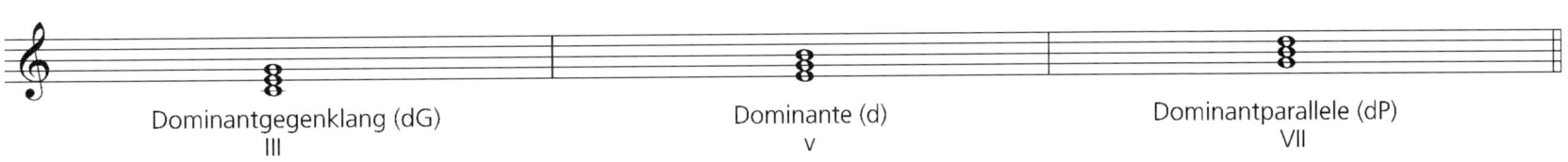

Beispiel 153: Der Gegenklang und der Parallelklang der Dominante in a-Moll.

In Moll liegt der Parallelklang über dem Hauptdreiklang, der Gegenklang liegt unter dem Hauptdreiklang. Zur Erinnerung: In Dur liegt der Parallelklang unter dem Hauptdreiklang, der Gegenklang liegt über dem Hauptdreiklang.

Die Hauptdreiklänge in Moll sind Mollklänge, die Nebendreiklänge sind Durdreiklänge. Zum Vergleich in Dur: Die Hauptakkorde sind Durakkorde, die Nebendreiklänge sind Mollakkorde.

Außerdem ergibt sich im harmonischen Moll eine Dur-Dominante (D) und im melodischen Moll eine Dur-Subdominante (S). Auf der zweiten Stufe der Tonleiter ergibt sich in a-Moll ein verminderter Akkord (h-d-f). Weil dem Akkord das eindeutige Tongeschlecht und damit die Stabilität fehlt, wird stattdessen der Durakkord b-d-f als Subdominantgegenklang (sG) verwendet.

Dur-Dominante (D)
V

Dur-Subdominante (S)
IV

Subdominantgegenklang (sG)
♭II

Beispiel 154: Weitere Klänge, die sich in harmonisch und melodisch Moll ergeben.

Durch die Durchmischung von Moll mit Dur stehen uns in Moll mehr Klänge als in Dur zur Verfügung.

Die Bedeutung und Verwendung der Klänge in Moll – Die Mollpraxis

t (i)	Die Molltonika, der zentrale Akkord - wie im Durgeschlecht. Sie ist Ausgangspunkt und Endpunkt.
T (I)	Die Tonika, sie kann am Ende mit der Durterz, der pikardischen Terz, erscheinen.
tG (VI)	Der Tonikagegenklang. Er ist der bedeutendste Vertreterklang in Moll, weil er den Grundton der t aufweist.
tP (III)	Die Tonikaparallele. Sie spielt in Moll keine Verteterrolle, weil sie nicht den Grundton der t aufweist. Führt der Weg jedoch über einen längeren Abschnitt aus der t heraus, so wird vorzugsweise die tonale Ebene der tp verwendet.
s (iv)	Die Moll-Subdominante. Ihr kommt im Kadenzablauf t - s - D - t eine zentrale Bedeutung zu, ebenso wie der
D (V)	Dur-Dominante.
S (IV)	Die Dur-Subdominante. Sie kommt im melodischen Moll vor, vor allem, wenn die melodische Linie von der fünften Stufe der Tonleiter stufenweise zum Grundton aufsteigt.
d (v)	Die Moll-Dominante. Sie findet keine Anwendung.
sP (VI)	Sie ist identisch mit dem tG. Sie kommt nur als Vertreter der t vor.
sG ♭II	Sie hat eine eigene subdominantische Funktion als Neapolitaner und wird später näher erläutert.
dG, dP, (III, VII)	Der Gegenklang und der Parallelklang der Moll-Dominante. Sie finden als Vertreterklänge keine Anwendung.
Dp, Dg (iii, ♯vii)	Sie finden keine Anwendung als Vertreterklänge, weil sie zu weit aus der Tonart herausführen.
Sp, Sg (ii, ♯vi)	Sie finden keine Anwendung als Vertreterklänge, weil sie zu weit aus der Tonart herausführen.

Ergebnis:

Die Harmonisierung von Melodien in Moll bleibt beschränkt auf die Funktionen t, s, D.
Von den Funktionen, welche die Hauptfunktionen vertreten können, hat der tG Bedeutung.

Die Vertreterklänge in Moll sind Durakkorde und werden deshalb als kurzfristige Vertreter der Hauptdreiklänge nicht verwendet, weil sie immer dominantische Tendenzen haben und aus der Tonart herausführen wollen.

Übung 87   Üben Sie folgende Kadenz in allen Lagen und Tonarten bis zu vier Vorzeichen.

Beispiel(e) 155: Die wichtigsten Funktionen, mit denen eine Melodie in Moll harmonisiert werden kann.

Übung 88   Harmonisieren Sie die Melodien in Moll mit den Hauptdreiklängen und deren Vertretern.

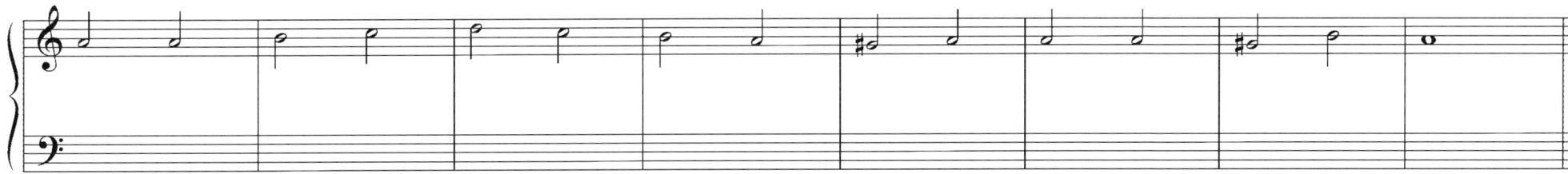

94

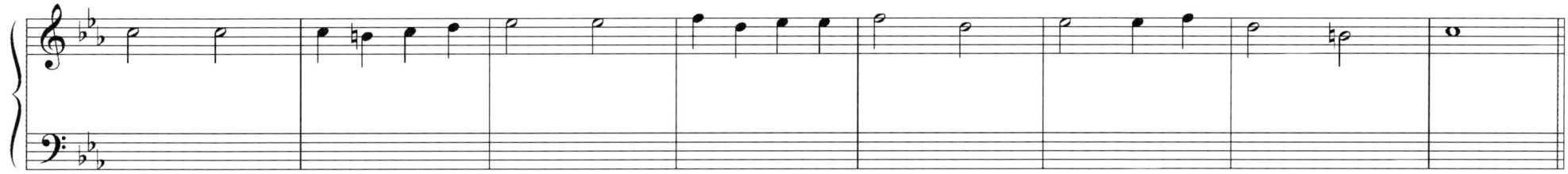

Beispiel(e) 156: Melodien in Moll, die mit den Hauptdreiklängen und deren Vertretern harmonisiert werden können.

Gesangbuchlieder in reinem Moll sind sehr selten. Meist sind sie kirchentonal geprägt und weichen in verwandte Tonarten aus.

Die Fuge – Die Exposition

Die Fuge ist eine mehrstimmige Form, bei der ein musikalischer Gedanke (= Thema) in allen Stimmen erscheint.

Die einfachste Form ist die „Fuga ad Octavam". J. G. Walther schreibt in seinem „Musicalischen Lexicon" darüber: „*Fuga ad Octavam (lat.) Fugue à l' Octave (gall.) heisset: wenn die Wiederholung der angefangenen Clausul in der Octav drüber oder drunter geschiehet*". War das Thema in allen Stimmen zu hören, so spricht man von Exposition.

Exposition ist das erste vollständige Zitat des Themas in allen Stimmen.

Übung 89   Spielen Sie das Thema einstimmig. Harmonisieren Sie das Thema vierstimmig. Reduzieren Sie den vierstimmigen Satz zur Dreistimmigkeit und zur Zweistimmigkeit.

Johann Caspar Ferdinand Fischer (ca. 1670-1746)

Beispiel 157: Ein einstimmiges Fugenthema.

Beispiel 158: Das Fugenthema von Beispiel 157 vierstimmig harmonisiert.

Beispiel 159: Beispiel 158, reduziert zu einem dreistimmigen Satz.

Beispiel 160: Beispiel 158, reduziert zu einem zweistimmigen Satz.

Übung 90   *Beginnen Sie die Fuge mit dem einstimmigen Thema in der großen Oktave. Lassen Sie das Thema eine Oktave höher als Mittelstimme folgen. Der The-meneinsatz eine Oktave höher in der Oberstimme bringt die dreistimmige Fuge zum Abschluss.*

Beispiel 161: Eine dreistimmige „Fuga ad Octavam".

Weitere Fugenthemen:

Johann Xaver Nauss (ca. 1690-1764)

Beispiel(e) 162: Zwei Fugenthemen von Johann Xaver Nauss (ca. 1690-1764).

Die Ausweichung

Eine Möglichkeit, einen musikalischen Gedanken zu entwickeln, ist, ihn auf einer anderen Stufe zu wiederholen. In der „Fuga ad Octavam" wurde der Gedanke eine Oktave höher wiederholt. Der musikalische Gedanke (= Motiv oder Thema) kann grundsätzlich auf allen Stufen der Tonleiter wiederholt werden. In Moll wird vor allem die Tonika als einzelner Akkord durch den Tonikagegenklang ersetzt, während die Subdominante und die Dominante selten ersetzt werden.

Wird aber nicht nur ein Akkord ersetzt, sondern führt die musikalische Entwicklung aus der Tonart heraus, so führt sie in Moll vorzugsweise zur tonalen Ebene der Tonikaparallelen (tP). Was in Moll ernsten Charakter hat, wird in Dur aufgehellt.

Die Ausweichung bedeutet das kurzfristige Verlassen der Haupttonart.

Übung 91   Spielen Sie das einstimmige Motiv in Moll. Weichen Sie mit dem Motiv eine Terz höher in die parallele Durtonart aus.

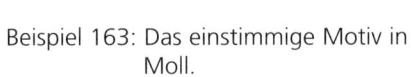

Beispiel 163: Das einstimmige Motiv in Moll.

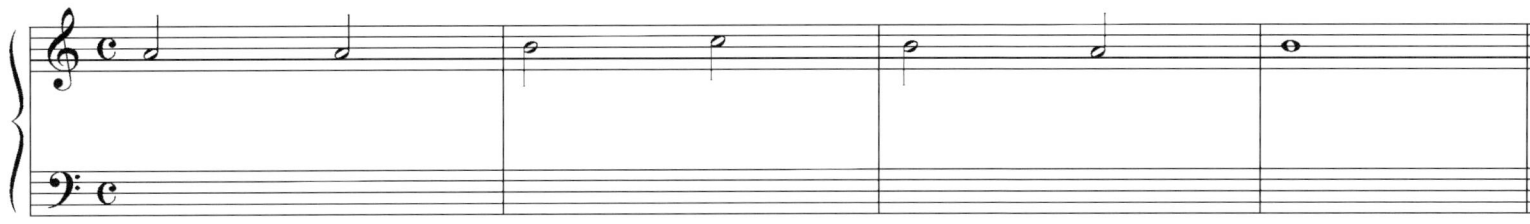

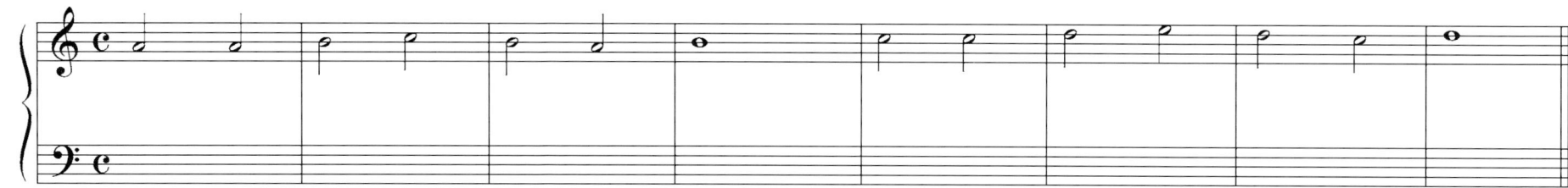

Beispiel 164: Das einstimmige Motiv weicht von der Tonika in die Tonikaparallele aus.

Um Beispiel 164 abzuschließen, muss es zum Grundton zurückgeführt werden.

Übung 92   *Schließen Sie die kurze Form mit vier Takten, die in kleinen Schritten zum Grundton zurückführen.*

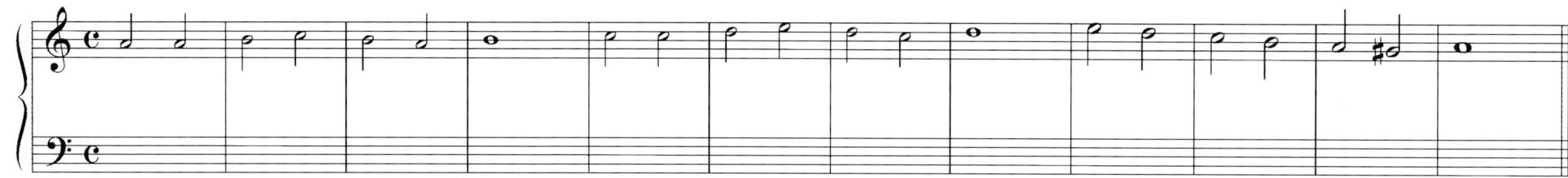

Beispiel 165: Durch die vier Takte, die am Ende zum Grundton zurückführen, entsteht eine dreiteilige Form.

Übung 93   *Harmonisieren Sie die zwölftaktige Form vierstimmig.*

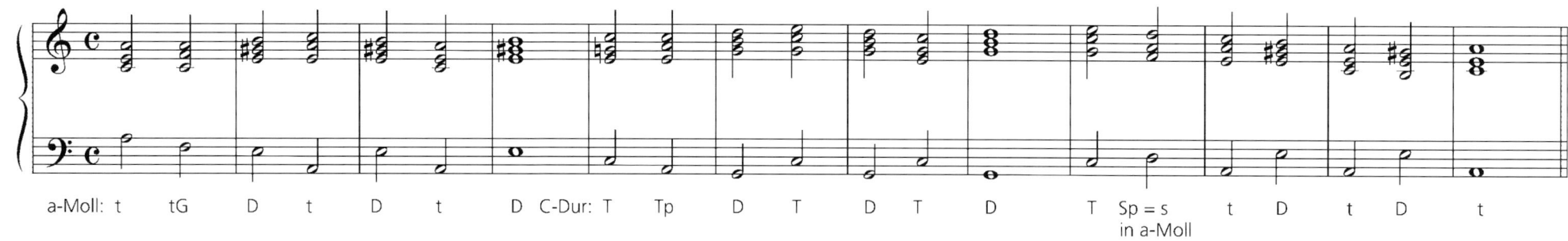

Beispiel 166: Die Transposition des Themas in die Tonikaparallele und zurück zum Grundton, vierstimmig harmonisiert. In Takt 9 steht der erste Akkord noch in der tP, um eine parallele Stimmführung zu verhindern.

98

Übung 94   *Verfahren Sie ebenso mit anderen Motiven in anderen Tonarten.*

Beispiel(e) 167: Motive, die in die Tonikaparallele (tP) geführt werden können.

Der verkürzte Dominantseptakkord $\emptyset\,7_{(vii°)}$

Bei den Terzschichtungen über den Stufen der Tonleiter ergibt sich neben den Hauptdreiklängen und den Vertreterklängen auf der siebten Stufe ein verminderter Dreiklang.

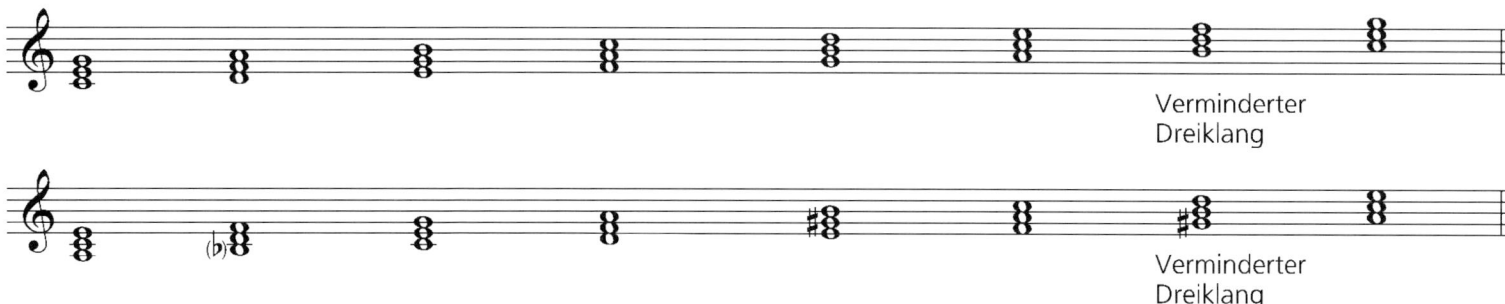

Verminderter
Dreiklang

Verminderter
Dreiklang

Beispiel(e) 168: Der Dreiklang über der siebten Stufe der Tonleiter ergibt eine Schichtung von zwei kleinen Terzen (= verminderter Dreiklang).

Der verminderte Dreiklang auf der siebten Stufe weist zwei gemeinsame Töne mit der Dominante auf.

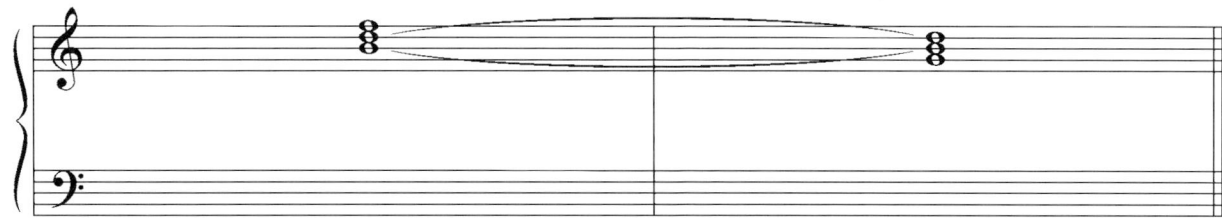

Beispiel 169: Der verminderte Akkord auf der siebten Stufe in (C-)Dur und der Dominantakkord weisen
zwei gemeinsame Töne auf.

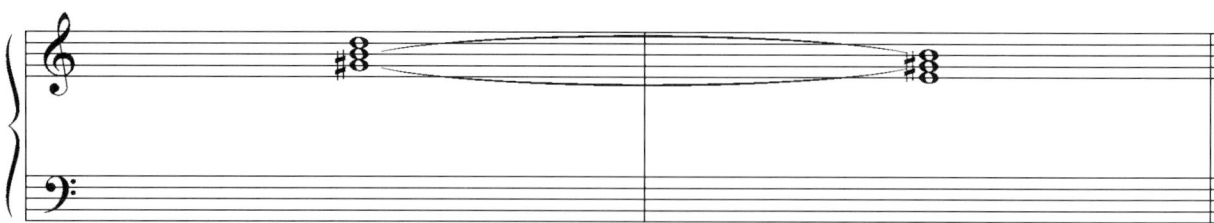

Beispiel 170: Der verminderte Akkord auf der siebten Stufe in (a-)Moll und der Dominantakkord weisen
zwei gemeinsame Töne auf.

Beim Hören wird der verminderte Akkord auf der siebten Stufe als dominantischer Klang wahrgenommen. Man spricht vom verkürzten Dominantseptakkord, weil der Grundton fehlt und die Septime zum Dominantdreiklang hinzugefügt wird.

Der verkürzte Dominantseptakkord ist der verminderte Dreiklang auf der siebten Stufe in Dur und in harmonisch Moll.
Er ist ein häufiger Vertreter der Dominante.

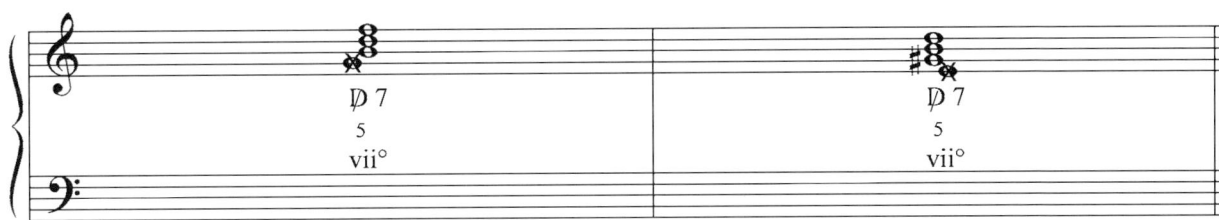

Beispiel 171: Der verkürzte Dominantseptakkord in C-Dur.

Beispiel 172: Der verkürzte Dominantseptakkord in a-Moll.

Um die verminderte Rahmenquinte zu vermeiden, haben sich von den theoretisch möglichen Formen nur zwei durchgesetzt:
- der verkürzte Dominantseptakkord mit Quint im Bass und Terz in der Oberstimme,
- der verkürzte Dominantseptakkord mit Quint im Bass und Quint in der Oberstimme,
weil sie stufenweise zur Tonika geführt werden können.

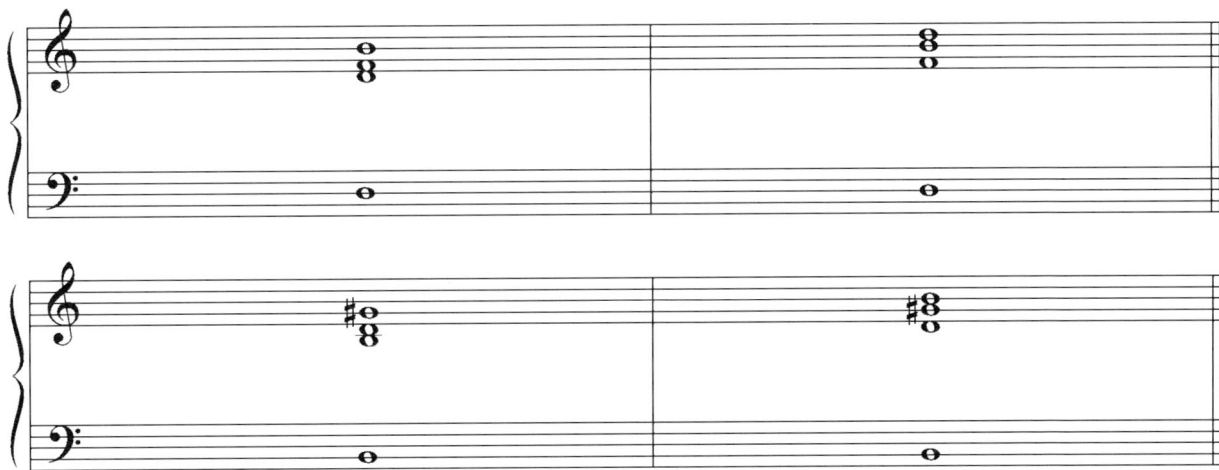

Beispiel(e) 173: Im vierstimmigen Satz hat sich die Verdoppelung der Quinte durchgesetzt.

Der verkürzte Dominantseptakkord wird vor allem verwendet, wenn die Oberstimme stufenweise von der Quinte zum Grundton oder (weniger häufig) vom Grundton zur Terz aufsteigt.

Übung 95 Üben Sie nachfolgende Kadenzen in Tonarten bis zu vier Vorzeichen.

Beispiel(e) 174: Typische Kadenzabläufe mit dem verkürzten Dominantseptakkord in C-Dur und a-Moll.

Übung 96   *Üben Sie die Harmonisierung der Tonleiter aufwärts in möglichst vielen Tonarten.*

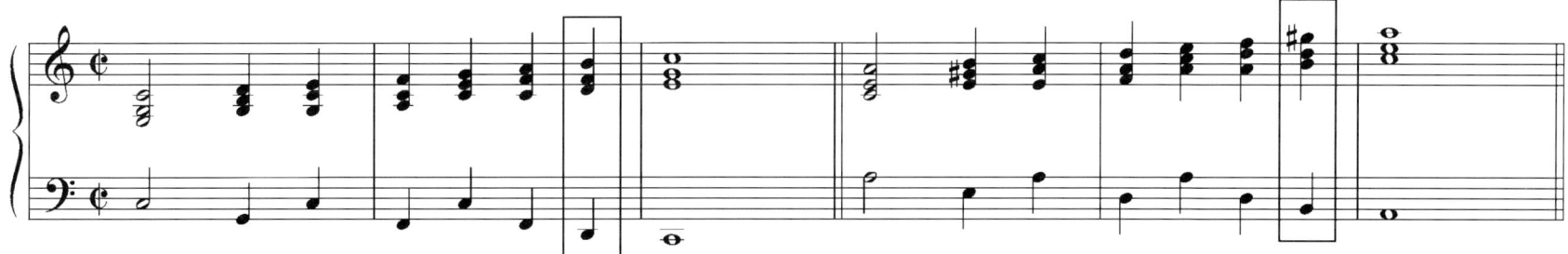

Beispiel 175: Die typische Harmonisierung des Leittones in der Oberstimme mit dem verkürzten Dominantseptakkord.

Übung 97   *Verwenden Sie zur Harmonisierung der Melodien die Hauptfunktionen, deren Verteterklänge und an den bezeichneten Stellen den verkürzten Dominantsept-akkord mit Quint im Bass.*

Beispiel 176: „Nun jauchzt dem Herren, alle Welt".

Beispiel 177: „Lobt Gott, den Herrn der Herrlichkeit".

Beispiel 178: „Eine große Stadt entsteht".

Die Intonation

Die kürzeste Form, ein Lied zu intonieren, besteht darin, den ersten Sinnabschnitt vorzustellen. **Die Intonation lässt sich erweitern mit dem letzten Sinnabschnitt des Liedes, weil dieser fast immer mit dem Grundton endet (ausgenommen kirchentonale Lieder).**

Übung 98   *Intonieren Sie die Melodien von Beispiel 132 bis Beispiel 134 und von Beispiel 176 bis Beispiel 178, indem Sie den ersten und den letzten Sinnabschnitt des Liedes vorstellen. Spielen Sie den ersten Abschnitt einstimmig. Improvisieren Sie zum letzten Abschnitt eine Bassstimme.*

Beispiel 179: Eine Intonation zu Beispiel 176 mit dem ersten und letzten Sinnabschnitt. Im letzten Abschnitt setzt die Bassstimme ein.

Zur Intonation des Liedes kann hingeführt werden, indem nur der Bewegungsraum (die Tonart) und das Metrum des Liedes vorgestellt werden.

Übung 99   Beginnen Sie eine Intonation, indem Sie den Tonikaakkord im Grundrhythmus des Liedes brechen. Leiten Sie von der Akkordbrechung stufenweise über zum ersten Sinnabschnitt des Liedes. Unterstützen Sie den ersten und letzten Sinnabschnitt mit der dazugehörigen Bassstimme.

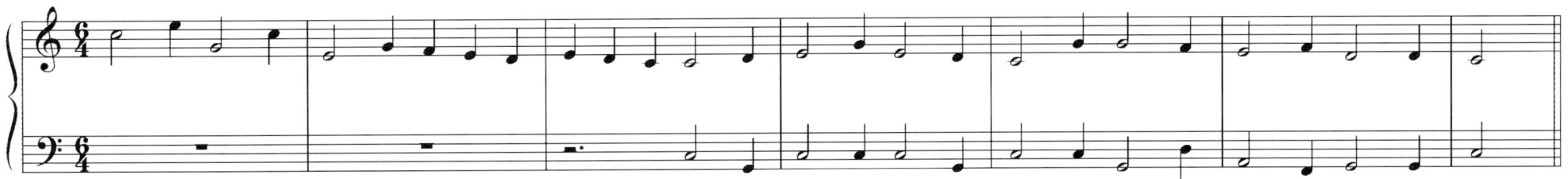

Beispiel 180: Zum ersten und letzten Sinnabschnitt von Beispiel 176 wird mit der Vorstellung des Tonraumes hingeführt.

Der Kontrapunkt

Vom Anfang der Mehrstimmigkeit an war die Tendenz erkennbar, jeder einzelnen Stimme im harmonischen Zusammenklang eine eigene Gestalt zu geben. So haben sich im Laufe der Zeit Regeln entwickelt, die einen harmonischen Zusammenklang und eine melodische Stimmführung der einzelnen Stimmen gewährleisten. Die Regeln wurden in der Lehre vom Kontrapunkt zusammengefasst.

Der Abstand der beiden Stimmen wird in wohlklingende Intervalle (Konsonanzen), die gut verschmelzen, und nicht wohlklingende Intervalle (Dissonanzen), die sich reiben, unterschieden. Erlaubt sind nur Konsonanzen.

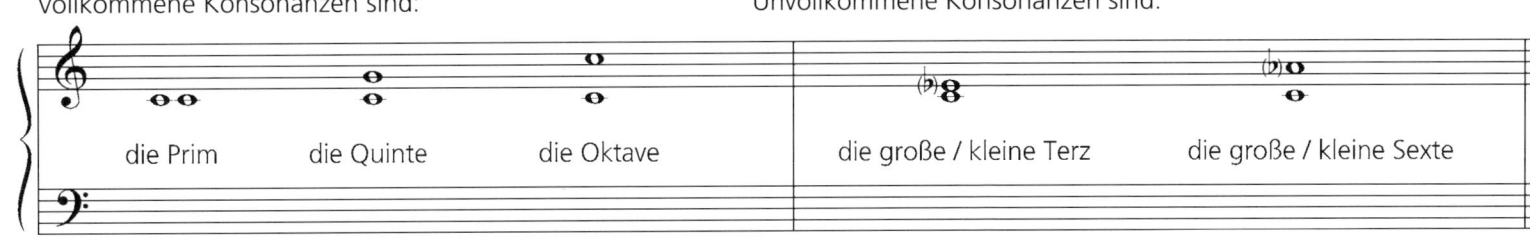

Beispiel 181: Erlaubte Zusammenklänge (Konsonanzen).

Im Laufe der Musikgeschichte wurden vor allem die unvollkommenen Konsonanzen Terz und Sexte wegen ihres Klanggehaltes gebräuchlich. Um eine selbstständige Stimmführung zu gewährleisten, dürfen nicht mehr als drei parallele Terzen oder Sexten aufeinanderfolgen. Die vorgegebene Melodie heißt Cantus firmus (= feste Stimme), abgekürzt c. f., die Gegenstimme wird Kontrapunkt genannt, abgekürzt c. p.

Übung 100   Nehmen Sie die aufsteigende Tonleiter als vorgegebene Melodie (c. f.). Improvisieren Sie eine Gegenstimme in bis zu drei aufeinanderfolgenden Terzen und Sexten. Am Anfang und am Ende steht der Einklang bzw. die Oktave. Vermeiden Sie in der Gegenstimme den übermäßigen Schritt von der siebten zur vierten Stufe der Tonleiter.

Beispiel 182: Die Gegenstimme läuft in drei parallelen Terzen und Sexten mit dem c. f.

Beispiel 183: Die Gegenstimme läuft in drei parallelen Sexten und Terzen mit dem c. f.

Übung 101   Nehmen Sie die absteigende Tonleiter in Tonarten bis zu vier Vorzeichen als c. f. und improvisieren Sie eine Gegenstimme in parallelen Terzen und Sexten.

Beispiel 184: Die absteigende Tonleiter F-Dur in der rechten Hand und ein Kontrapunkt in der linken Hand.

Übung 102   Improvisieren Sie Intonationen in parallelen Terzen und Sexten zu den Melodien von Beispiel 176 bis Beispiel 178. Am Anfang und am Ende steht der Einklang.

Beispiel 185: Eine Intonation zu Beispiel 176; der Kontrapunkt bewegt sich in parallelen Terzen und Sexten.

Die Sequenz

Unsere Wahrnehmung ist ganz wesentlich auf Wiedererkennen ausgerichtet. Deshalb wird die Wiederholung eines musikalischen Gedankens als Intensivierung und Vertiefung wahrgenommen.

Sequenz (lat. sequi = folgen) bedeutet die Wiederholung einer melodisch-harmonischen Bewegung (= Modell) auf verschiedenen Stufen.

Die Quint(fall)sequenz

Der Abstand der Quinte stellt die größte Entfernung und damit einen Gegenpol zum Grundton dar. Deshalb entwickeln Harmonieverbindungen im Quintabstand die größte musikalische Energie. Will man diese Energie nutzen und lässt man jeder Stufe der Tonleiter die im Quintabstand entfernte Harmonie folgen, so ergibt sich eine Folge von gleichen harmonischen Wendungen, eine sogenannte Quint(fall)sequenz.

Die Quint(fall)sequenz hat eine Vorrangstellung unter den Sequenzen.

Durch den schnellen Harmoniewechsel verliert der Hörer den Bezug zum Grundton, die Nebendreiklänge verselbstständigen sich und treten gleichwertig neben die Hauptdreiklänge. Die Mechanisierung der harmonischen Wendung wirkt so stark auf den Hörer, dass sie sich über Stimmführungsregeln hinwegsetzen kann. So sind Tritonusfortschreitungen und Leittonverdopplungen erlaubt, weil alle Dreiklänge, selbst der verminderte Dreiklang, als Grundakkorde empfunden werden. Durch den fehlenden Bezug zum Grundton versagt die funktionelle Harmonielehre, die Quint(fall)sequenz wird in der Regel mit Stufen näher definiert.

Übung 103   *Üben Sie nachfolgende Quint(fall)sequenz in allen Lagen. Der Wechsel Tonika – Dominante in den ersten vier Takten und am Ende stellt den Bezug zum tonalen Ausgangspunkt und Endpunkt her.*

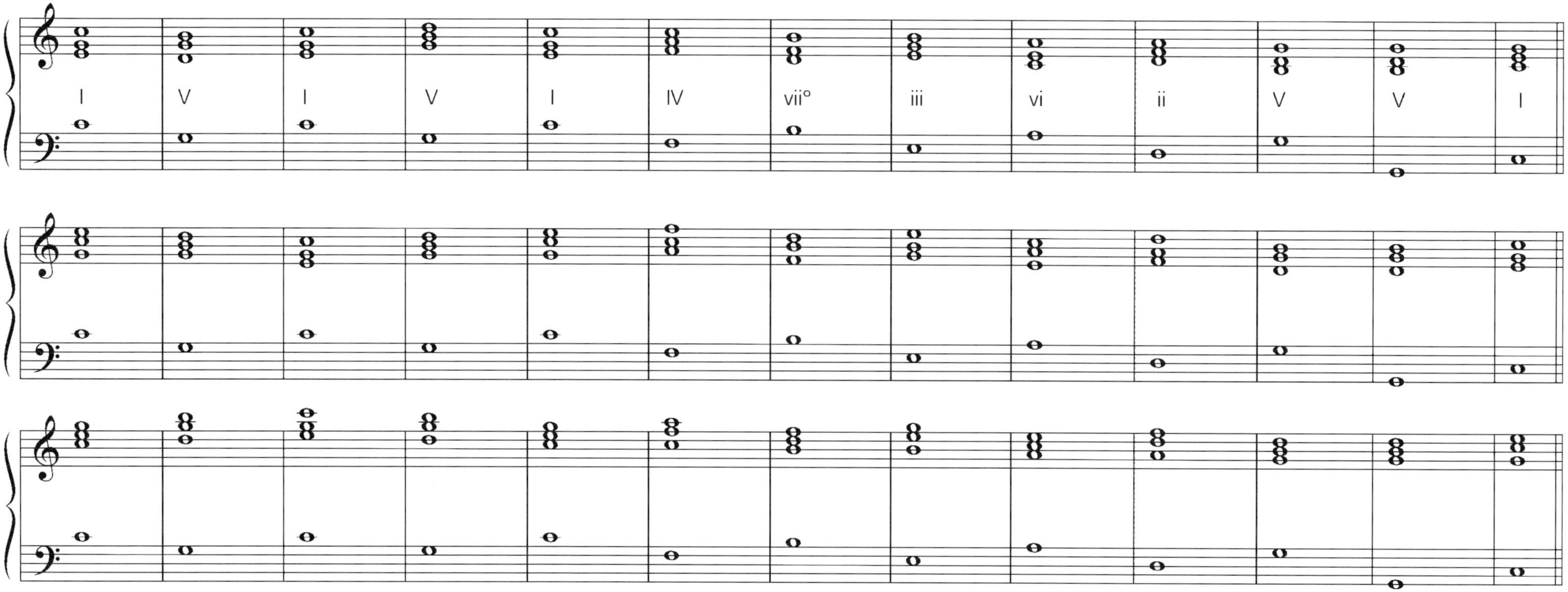

I   V   I   V   I   IV   vii°   iii   vi   ii   V   V   I

Beispiel 186: Die Quint(fall)sequenz in C-Dur.

Übung 104   *Üben Sie die Quint(fall)sequenz in G-Dur, F-Dur, B-Dur etc. Probieren Sie alle drei Lagen.*

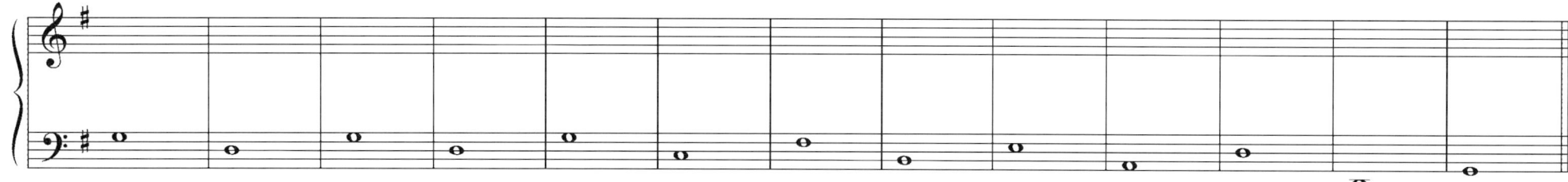

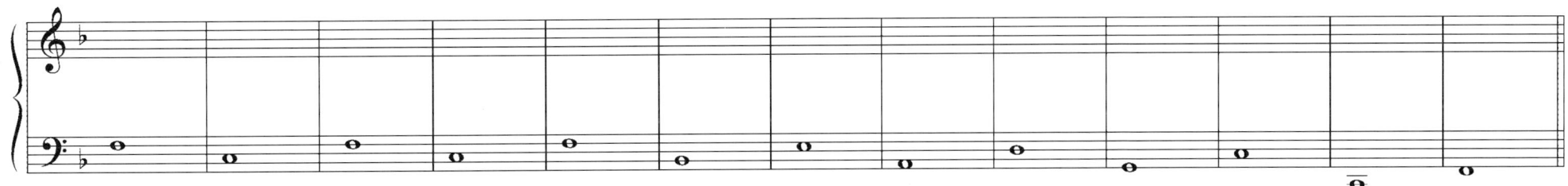

Beispiel(e) 187: Der Bass von Beispiel 186 in G-Dur und F-Dur.

Das Trio

Der harmonische Gang durch die Tonart mit der Quint(fall)sequenz bietet eine weitere Möglichkeit, ein Thema z. B. eines Trios zu entwickeln.

Übung 105   Lösen Sie die dreistimmigen Akkorde der rechten Hand von Beispiel 186 und Beispiel 187 in eine einstimmige Linie auf, die aus einem zweitaktigen Motiv besteht. Führen Sie das zweitaktige Motiv durch bis zur Rückkehr zur Ausgangstonart.

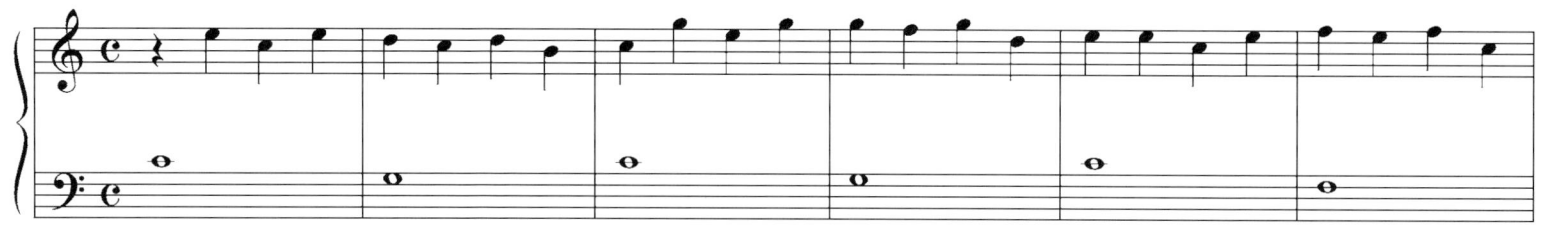

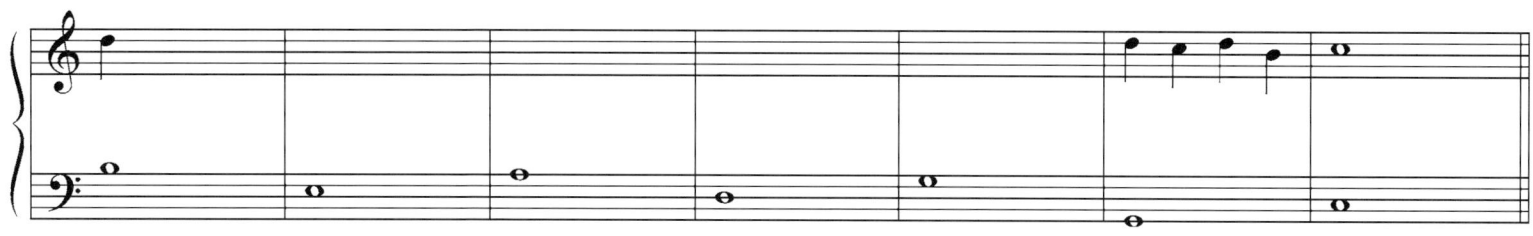

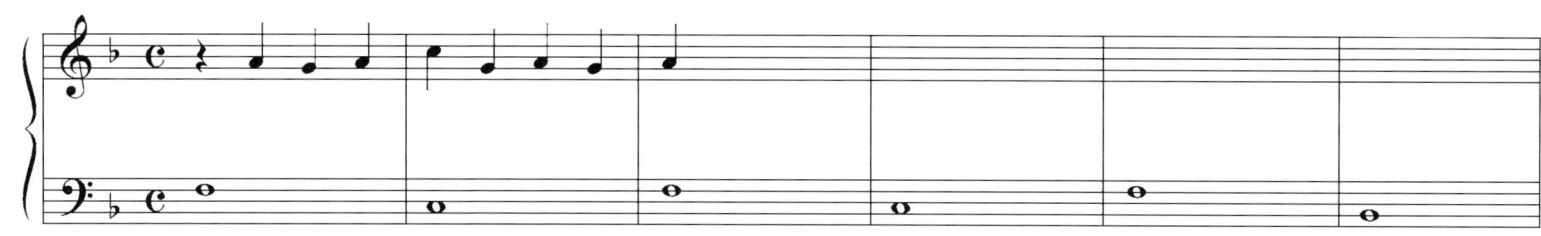

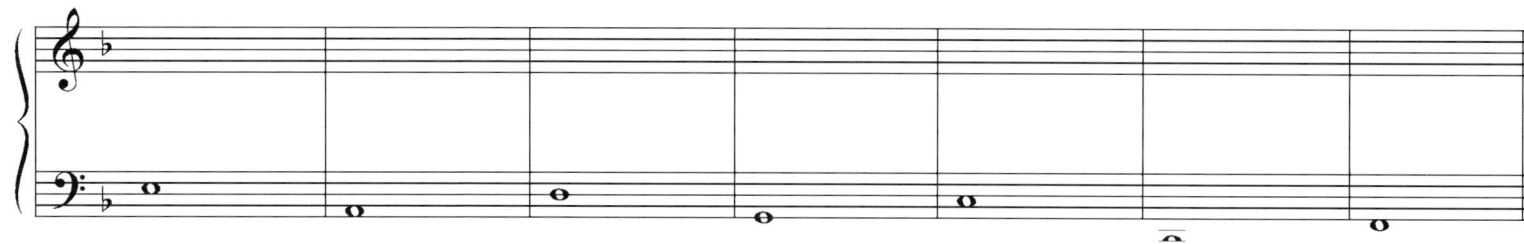

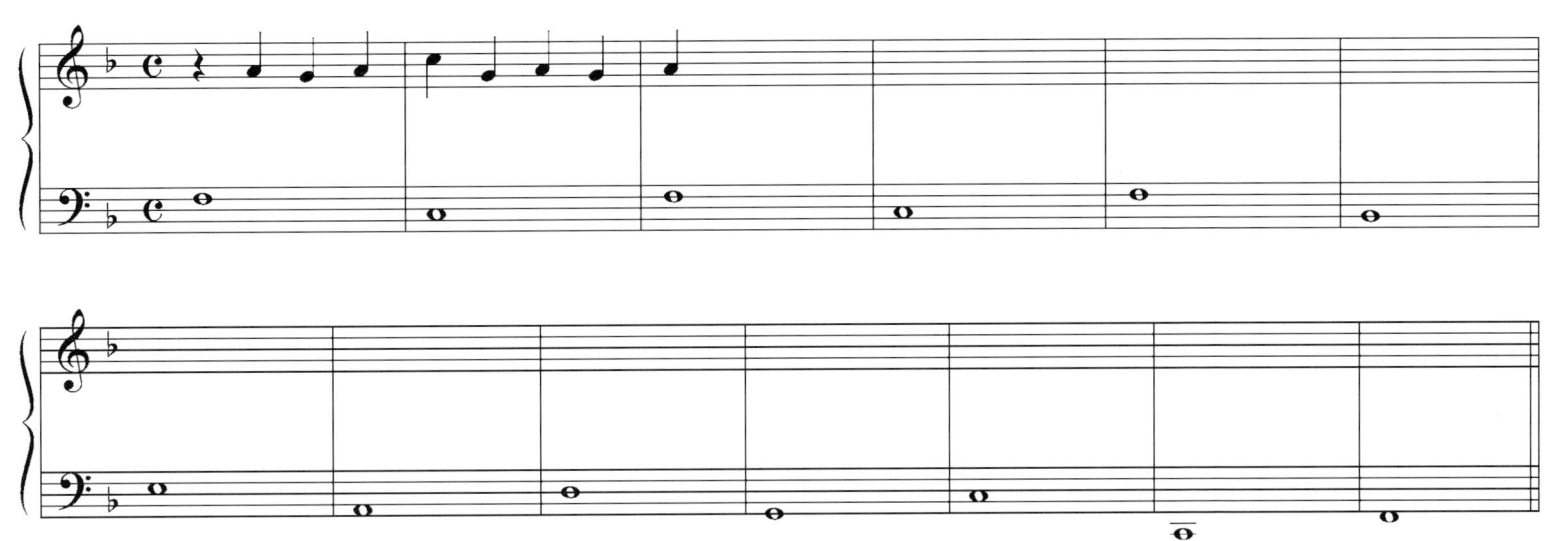

Beispiel(e) 188: Das Sequenzmodell von Beispiel 186 bildet die Grundlage für die zweistimmige Durchführung eines zweitaktigen Motivs in der Oberstimme.

Übung 106   Spielen Sie die Bassstimme im Pedal. Das zweitaktige Motiv wird in der rechten Hand durchgeführt. Die linke Hand ergänzt den fehlenden Akkordton.

Beispiel 189: Das zweite Sequenzmodell von Beispiel 186 bildet die Grundlage des Trios. Das erste Motiv von Beispiel 188 wird in der rechten Hand durchgeführt. Die linke Hand ergänzt den fehlenden Akkordton.

Die ganzen Noten in der linken Hand können der Beweglichkeit des Motivs in der rechten Hand nicht folgen. Der nächst kleinere Notenwert verhindert terzlose Klänge auf der ersten Zählzeit.

Die Differenzierung des Satzes

Übung 107   Ergänzen Sie die fehlenden Akkordtöne in halben Noten mit der linken Hand.

Beispiel 190: Die linke Hand spielt die fehlenden Akkordtöne in Halbenoten.

Übung 108   Lassen Sie die beiden Oberstimmen in Dialog zueinander treten, indem das zweitaktige Motiv abwechselnd in der Oberstimme und in der Mittelstimme erscheint. Der Satz bewegt sich innerhalb des Sequenzmodelles von Beispiel 186.

Beispiel 191: Das zweitaktige Motiv wird abwechselnd in der Oberstimme und in der Mittelstimme durchgeführt.

Die Quintfallsequenz in Moll

Durch die ständige Wiederholung der gleichen harmonischen Wendung eignet sich die Sequenz zur Fortführung eines musikalischen Gedankens. Sie ist ein Mittel, einen Gedanken darzulegen, ihn auszuleuchten, sie kann steigernd wirken, kann einen musikalischen Gedanken von einer anderen Seite darstellen. Weil sich die Sequenz vom tonalen Zentrum löst, kann sie zum nächsten Abschnitt einer Komposition überleiten, der in einer anderen Tonart steht. Durch das Zurücktreten der harmonischen Funktion wird die Sequenz zum gestalterischen Gegenspieler der Kadenz, die mit ihrem eindeutigen Bezug zur tonalen Ebene immer auf einen Abschluss zielt.

Auch in Moll kann der Tonraum mit einer Quintfallsequenz überbrückt und gestaltet werden.

Die folgende Sequenz besteht aus drei Teilen:

Teil 1: Die Bestätigung der Ausgangstonart (Takt 1 und Takt 2).
Teil 2: Das Entfernen von der Ausgangstonart (Quintfallsequenz Takt 3 bis Takt 5).
Teil 3: Die Rückkehr zur Ausgangstonart (Takt 6 bis Takt 9).

Übung 109   Spielen Sie die Quintfallsequenz in a-Moll in allen Lagen.

Beispiel(e) 192: Die Quintfallsequenz in a-Moll, beginnend in der Oktav-, Terz- und Quintlage.

Übung 110 Transponieren Sie das Sequenzmodell von Beispiel 192 nach e-Moll und d-Moll.

Beispiel 193: Das Sequenzmodell von Beispiel 192 nach e-Moll transponiert.

Das Menuett

Das Menuett ist ein mäßig schneller, höfischer Tanz im Dreiertakt aus Frankreich. Als Vorläufer des Walzers erlangte es vor allem in der Klassik Bedeutung als dritter Satz der Sonate. Bei Beethoven wandelt es sich zum Scherzo.

Übung 111 Spielen Sie das einfache Menuett aus der Sammlung von Joannes de Gruijtters aus dem Jahre 1746.

Beispiel 194: Ein Menuett aus der Sammlung von Joannes de Gruijtters, 1746.

Übung 112   Reduzieren Sie das Menuett von Beispiel 194 auf das harmonische Grundgerüst.

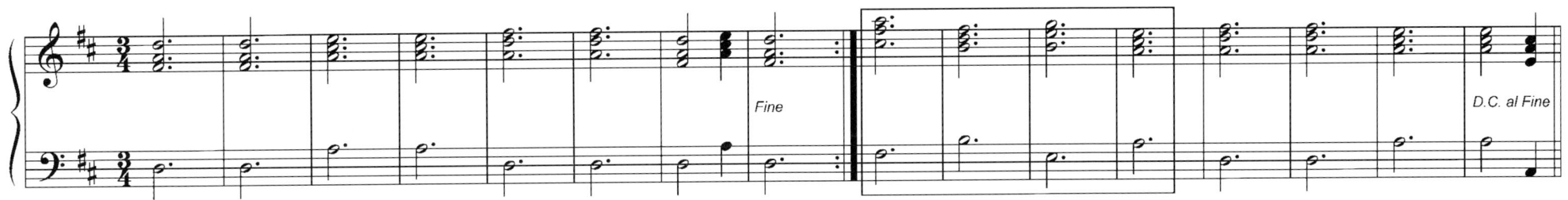

Beispiel 195: Das Menuett von Beispiel 194, reduziert auf das harmonische Grundgerüst. Der zweite Teil beginnt mit einer Quintfallsequenz.

Das Menuett bewegt sich im ersten Teil im Spannungsfeld zwischen Tonika und Dominante. Der zweite, absteigende Teil durchschreitet am Anfang mit einer Quintfallsequenz den Tonraum.

Übung 113   Nehmen Sie das harmonische Gerüst von Beispiel 195 als Grundlage, um in der gleichen Art ein Menuett zu improvisieren. Führen Sie die angefangenen Beispiele zu Ende.

Beispiel(e) 196: Menuette, die zu vervollständigen sind.

Übung 114   Improvisieren Sie eigene Menuette. Die Bassstimme von Beispiel 194 kann zum Teil übernommen werden. Achten Sie auf das Parallelenverbot (siehe Stimmführung = Regeln).

Die Doppeldominante 𝔇𝔇 (V / V)

Der Tonraum kann erweitert werden, indem die Komposition aus der Tonart herausgeführt wird und am Ende zur Ausgangstonart zurückfindet. Am häufigsten führt der Weg in Dur zur tonalen Ebene der Dominante. Das Tor zur neuen tonalen Ebene ist die Dominante zur Dominante, auch Doppeldominante genannt. In der Funktionstheorie wird die Doppeldominante mit (D)D oder 𝔇𝔇 bezeichnet, in der neuen Stufentheorie mit V/V. Durch den Wechsel der Bezugsebene zwischen T und D wird die Doppeldominante auch Wechseldominante genannt.

Die Doppeldominante ist der verdurte Dreiklang auf der zweiten Stufe der Tonleiter.

Übung 115 Üben Sie den Weg von der tonalen Ebene der Tonika zur tonalen Ebene der Dominante. Das Tor zur neuen tonalen Ebene ist die Doppeldominante. Üben Sie den harmonischen Verlauf in allen Lagen.

Beispiel(e) 197: Ein harmonischer Verlauf, der über die Doppeldominante zur tonalen Ebene der Dominante führt.

Die meisten Kirchenlieder schauen am Ende eines Sinnabschnittes kurz in die Tonart der Dominante, um gestärkt in der Ausgangstonart fortzufahren. In der Regel wird die fünfte Stufe am Ende eines Sinnabschnittes stufenweise in der Oberstimme (in Sekundschritten) erreicht. Das kurzfristige Verlassen der Haupttonart wird „Ausweichung" genannt. Durch das umgehende Zurückkehren zur Haupttonart wird deren Vorrangigkeit nicht gemindert. Meist verdeutlicht die Ausweichung das in der Melodie enthaltene Verlassen der Haupttonart.

Übung 116 *Harmonisieren Sie die Melodien vierstimmig. Verwenden Sie die Hauptdreiklänge, deren Vertreterklänge und den verkürzten Dominantseptakkord. Weichen Sie an den markierten Stellen mit der Doppeldominante zur Dominante aus. Fahren Sie in der Ausgangstonart fort.*

Beispiel 198: „Mach's mit mir Gott, nach deiner Güt" („Mir nach, spricht Christus, unser Held").

Beispiel 199: „Gott in der Höh sei Preis und Ehr".

Beispiel 200: „Herr Jesu Christ, dich zu uns wend".

Die Fuge

J. G. Walther schreibt über die Fuge: „Die Fuge ... ist ein köstlich Stücke, da eine Stimme der andern, gleichsam fliehend, mit einerley themate, in verschiedenen Tone nacheilet". Die Fuge verbindet die Wiederholung mit dem Kontrast. Das Fugenthema wiederholt sich in allen Stimmen abwechselnd in der Grundtonart und in der Dominanttonart. Der Quintabstand bedeutet die größte Entfernung innerhalb der Tonart und damit einen tonalen Kontrast.

Dux (lat. = Führer) ist die Grundgestalt des Fugenthemas (meist in der Grundtonart).
Comes (lat. = Begleiter) ist die Beantwortung des Fugenthemas (meist in der Dominanttonart).

Übung 117   Harmonisieren Sie das Fugenthema vierstimmig.

Beispiel 201: Ein Fugenthema von Franz Anton Maichelbeck (1702-1750).

Beispiel 202: Das Fugenthema von Beispiel 201, vierstimmig harmonisiert.

Übung 118   Reduzieren Sie den vierstimmigen Satz von Beispiel 202 zur Dreistimmigkeit und zur Zweistimmigkeit.

Beispiel(e) 203: Der vierstimmige Satz von Beispiel 202, reduziert zur Dreistimmigkeit und zur Zweistimmigkeit.

Beispiel(e) 204: Der Themeneinsatz in der Dominanttonart als vierstimmiger, dreistimmiger und zweistimmiger Satz.

Die Überleitung 1

Der Kontrast zwischen dem Themeneinsatz auf der Tonika und dem Themeneinsatz auf der Dominante wird durch eine stufenweise Überleitung abgebaut. Beginnt das Thema auf einer (un-)betonten Zählzeit, so führt die Überleitung auf dem kürzesten Weg zur nächsten (un-)betonten Zeit. Um noch näher an die Tonart der Dominante heranzuführen, kann die Überleitung die Vorzeichen der Dominanttonart annehmen.

Die Überleitung ist die Verbindung von zwei Themeneinsätzen.

Übung 120   *Beginnen Sie eine Fuge mit dem Thema als Unterstimme. Leiten Sie in kleinen Schritten im rhythmischen Puls des Themas über zum Themeneinsatz des Comes als Mittelstimme. Die Überleitung führt das neue Vorzeichen der Dominanttonart ein.*

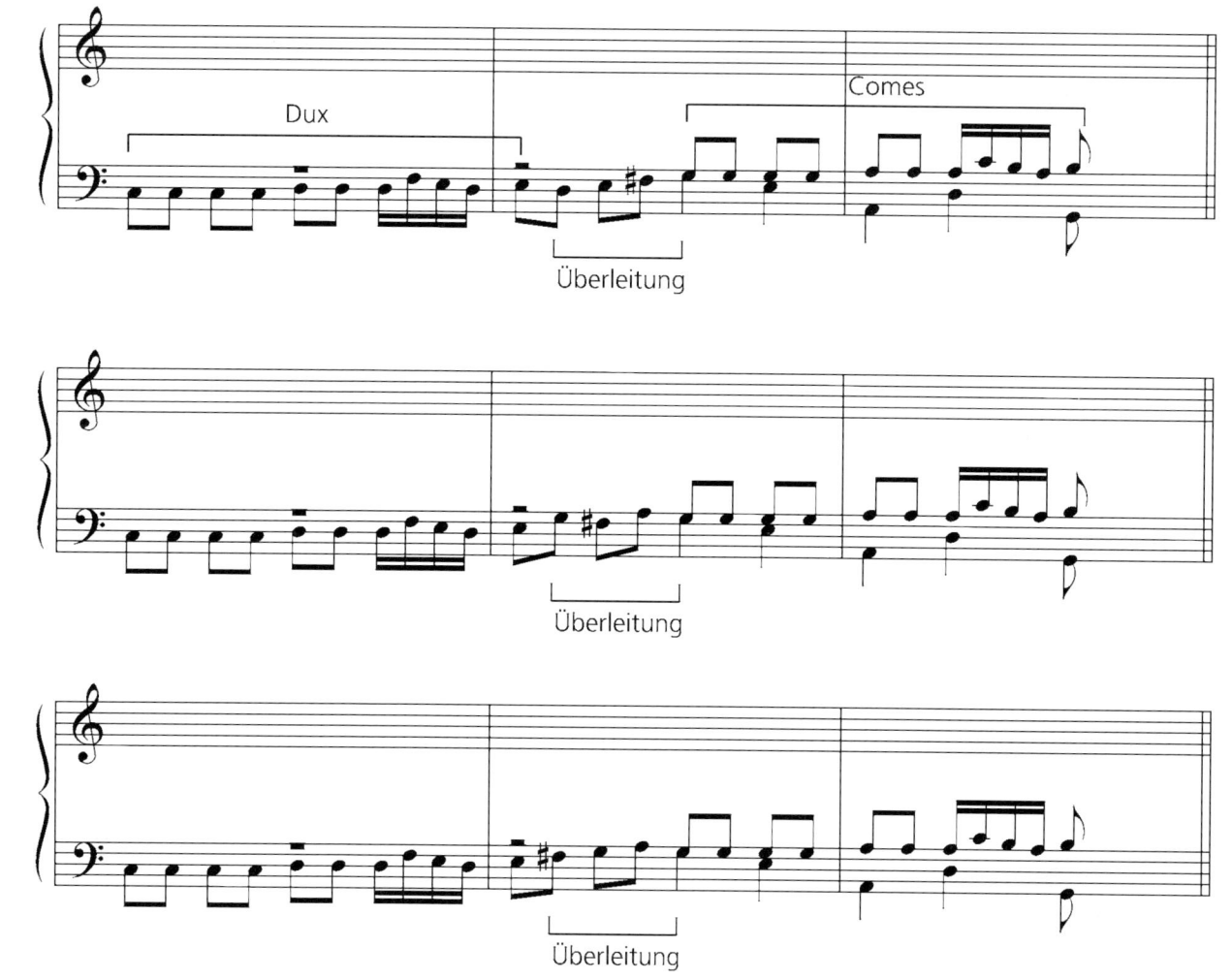

Beispiel(e) 205: Drei unterschiedliche Überleitungen vom Themeneinsatz des Dux zum Themeneinsatz des Comes.

Die Überleitung 2

Der Einsatz des Comes endet in der Tonart der Dominante. Die Überleitung bewegt sich auf dem Dominantakkord, bis sie auf der nächsten schweren Zählzeit zum Einsatz des Dux auf der tonalen Ebene der Tonika führt.

Übung 121   *Improvisieren Sie dreistimmige Fugen mit den angeführten Themen. Der Dux beginnt als Unterstimme. Leiten Sie über zum zweiten Themeneinsatz (Comes). Die Überleitung zum dritten Themeneinsatz bewegt sich auf dem Dominantakkord, der zum Themeneinsatz (Dux) auf der Tonika führt. Schließen Sie mit einer kurzen Kadenz (T - D - T oder T - S - D - T).*

Beispiel(e) 206: Die zweite Überleitung in drei verschiedenen Varianten.

Weitere Fugenthemen

Franz Xaver Anton Murschhauser (1663-1738)

Johann Anton Kobrich (1714-1791)

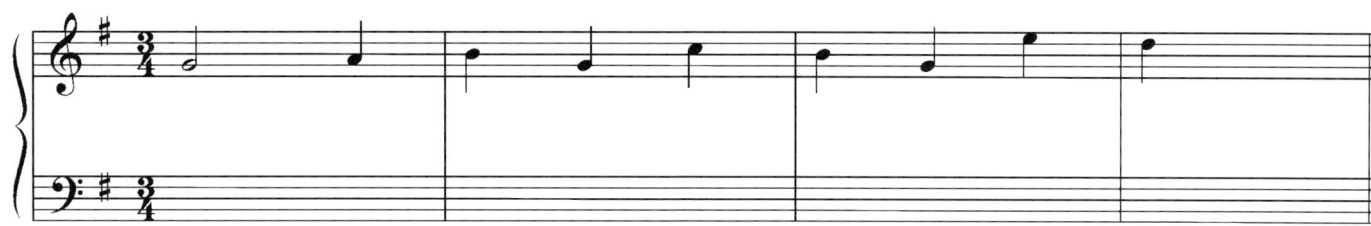

Johann Caspar Ferdinand Fischer (ca. 1670-1746)

Johann Pachelbel (1653-1706)

Johann Caspar Ferdinand Fischer (ca. 1670-1746)

Johann Caspar Simon (1701-1776)

Beispiel(e) 207: Sechs Fugenthemen.

Die Zwischendominante in Dur (D), (V/...)

Neben der Kadenz, die auf den Abschluss zielt, gehört die Sequenz, die weiterdrängt, zu den wesentlichen Mitteln, sich in der durmolltonalen Musik zu bewegen. Überwiegt in der Kadenz der Bezug zum Grundton, so nimmt in der Sequenz die Beziehung zur tonalen Ebene ab.

Übung 122   Spielen Sie die absteigende und die aufsteigende Sequenz.

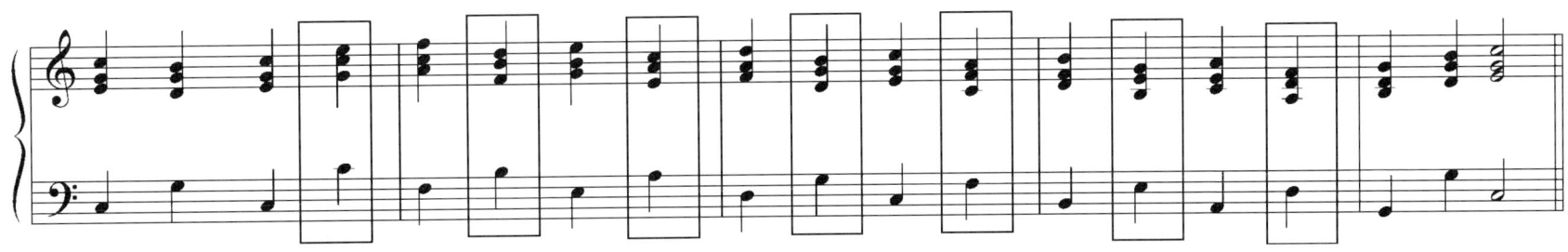

Beispiel 208: Eine absteigende Quintsequenz in C-Dur.

Beispiel 209: Die aufsteigende Quintsequenz in C-Dur.

Mit einer Wiederholung einer melodisch-harmonischen Bewegung (= Modell) auf allen Stufen der Tonleiter werden die Stufen der Tonleiter durchwandert. Um neuen Raum zu gewinnen und damit die Form auszuweiten, kann leiterfremdes Material in die Komposition integriert werden.

Werden die Akkorde auf den unbetonten Zählzeiten (zweite und vierte Zählzeit) zu Durakkorden, so erhalten sie dominantische Wirkung. Man spricht von Zwischendominanten.

Zwischendominanten sind Akkorde, die nicht zur Stammtonika aufgelöst werden.

Der Satz wird zwingender, logischer, spannungsreicher und farbiger. In der Funktionstheorie werden Zwischendominanten in Klammern geschrieben. Die Funktion, zu der die Zwischendominate führt, folgt der Klammer.

Übung 123   Spielen Sie die absteigende und die aufsteigende Sequenz mit Zwischendominanten.

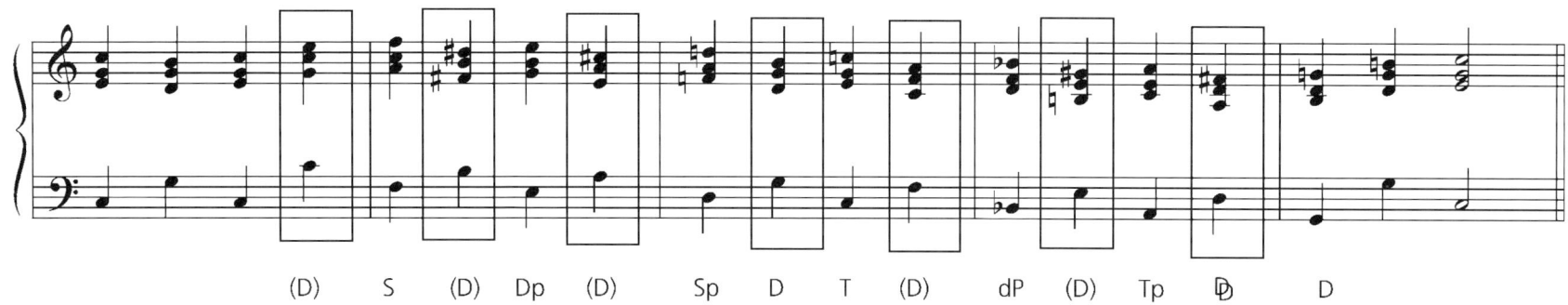

(D)   S   (D)   Dp   (D)   Sp   D   T   (D)   dP   (D)   Tp   D̦D   D

Beispiel 210: Eine absteigende Sequenz mit Zwischendominanten zu den Stufen der Tonleiter.

In der neuen Stufentheorie werden Zwischendominanten mit einem Schrägstrich V/... oder mit einer Klammer und Doppelpunkt (V):... geschrieben. So bedeutet V/iii oder (V):iii die Zwischendominante zur dritten Stufe in Dur.

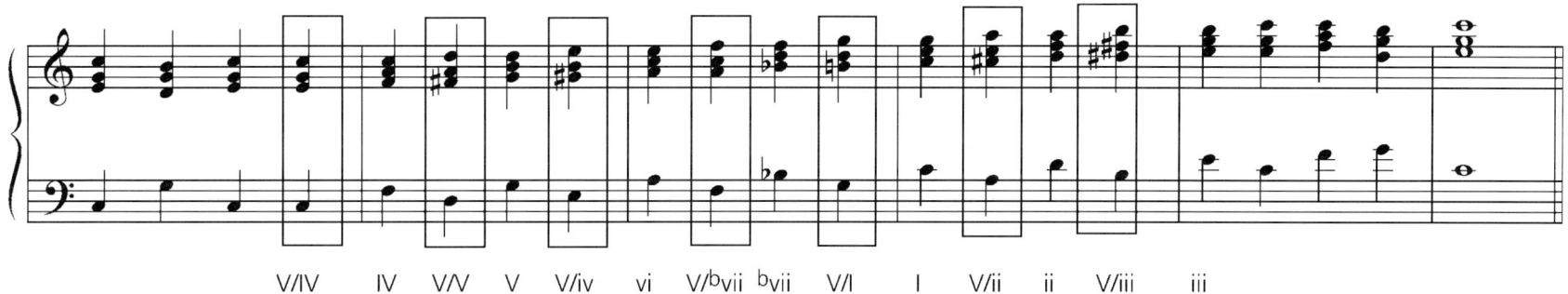

Beispiel 211: Eine aufsteigende Sequenz mit Zwischendominanten zu den Stufen der Tonleiter.

Der Weg aus der Tonart

Zwischendominanten sind ein geeignetes Mittel, die Tonart für kürzere oder längere Zeit zu verlassen.

Kaum ein Musikstück kommt ohne Zwischendominanten aus. Der Gang zu den Nachbartonarten mittels Zwischendominanten wurde im Laufe der Musikgeschichte zu einem wesentlichen Element der musikalischen Gestaltung.

Übung 124   Spielen Sie das Thema von Johann Caspar Ferdinand Fischer.

Beispiel 212: Ein Thema von Johann Caspar Ferdinand Fischer (1670-1746).

Übung 125   *Harmonisieren Sie das Thema. Lassen Sie das Thema auf dem Halbschluss (D) enden.*

Beispiel 213: Das Thema von Beispiel 212, vierstimmig harmonisiert.

Übung 126   *Gehen Sie den Weg mit der Zwischendominante am Ende des Themas aus der Ausgagstonart zur*
V. Stufe / zur VI. Stufe / zur II. Stufe / zur IV. Stufe und zur III. Stufe.

Beispiel 214: Das Theama geht mit der Doppeldominante zur V. Stufe.

Beispiel 215: Das Thema geht mit der Zwischendominante zur VI. Stufe.

Beispiel 216: Das Thema geht mit der Zwischendominante zur II. Stufe.

Beispiel 217: Das Thema geht mit der Zwischendominante zur IV. Stufe.

Beispiel 218: Das Thema geht mit der Zwischendominante zur III. Stufe.

Weitere Übungsthemen in Dur:

Beispiel 219: Vincent Lübeck (1656-1740).

Beispiel 220: Johann Caspar Ferdinand Fischer (1670-1746).

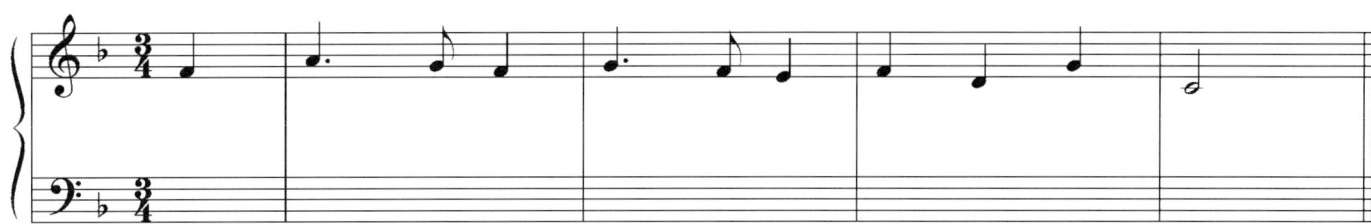

Beispiel 221: Johann Caspar Simon (1701-1776).

Beispiel 222: Georg Dietrich Leyding (1664-1710).

Die Zwischendominante in Moll (D), (V/...)

Zwischendominanten vermitteln zwischen zwei Tonarten. So können die Nebenstufen zum Zielakkord von Zwischendominanten oder selbst zur Zwischendominante werden.

Übung 127   Üben Sie die absteigende und die aufsteigende Sequenz, die zu den Stufen der Tonleiter führt.

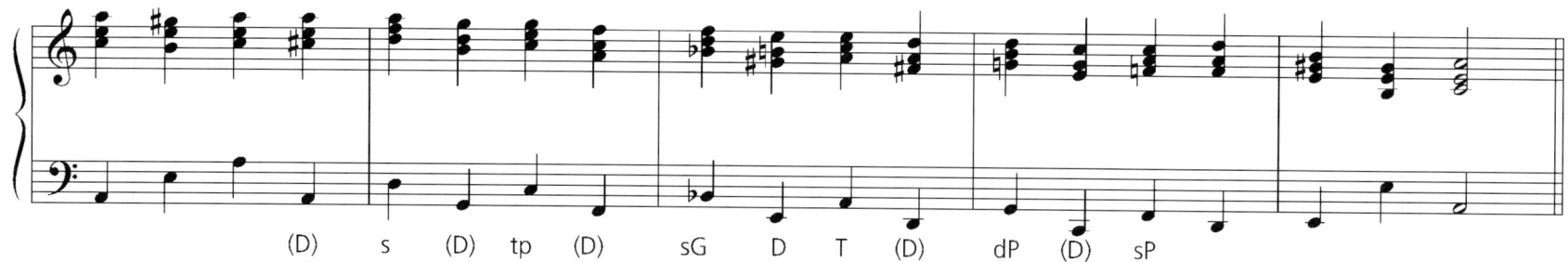

(D)   s   (D)   tp   (D)   sG   D   T   (D)   dP   (D)   sP

Beispiel 223: Eine absteigende Sequenz mit Zwischendominanten zu den Stufen der Tonleiter in Moll.

V / iv   iv   V / V   V   V / VI   VI   V / VII   VII   V   i   VI

Beispiel 224: Eine aufsteigende Sequenz mit Zwischendominanten zu den Stufen der Tonleiter in Moll.

Der Weg zurück zur Ausgangstonart

Durch den Weg zu den Stufen der Tonleiter erhält das Thema eine andere Färbung und wechselt in seiner emotionalen Aussage. Trotzdem bleibt die vorherrschende Stellung der Ausgangstonart erhalten. Damit der Zuhörer ein Gefühl des Abschlusses erhält, muss das Thema den Weg zur Ausgangstonart zurückfinden.

Übung 128   Harmonisieren Sie das Thema in a-Moll von Dietrich Buxtehude vierstimmig.

Beispiel 225: Ein Thema von Dietrich Buxtehude (1637-1711/12).

Beispiel 226: Das Thema von Beispiel 225 vierstimmig harmonisiert.

Übung 129   Lassen Sie das Thema von Beispiel 225 mit dem Halbschluss enden.

Beispiel 227: Das Thema von Beispiel 225 endet mit dem Halbschluss.

Übung 130   Transponieren Sie das Thema auf die III. / V. / IV. / VI. / VII. Stufe. Führen Sie das Thema am Ende mit der Dominante zurück zur Ausgangstonart.

Beispiel 228: Das Thema wird von der III. Stufe der Tonleiter zurückgeführt zur Ausgangstonart.

Beispiel 229: Das Thema wird von der V. Stufe der Tonleiter zurückgeführt zur Ausgangstonart.

Beispiel 230: Das Thema wird von der IV. Stufe der Tonleiter zurückgeführt zur Ausgangstonart.

Beispiel 231: Das Thema wird von der VI. Stufe der Tonleiter zurückgeführt zur Ausgangstonart.

Beispiel 232: Das Thema wird von der VII. Stufe der Tonleiter zurückgeführt zur Ausgangstonart.

Weitere Übungsthemen in Moll

Beispiel 233: Georg Böhm (1661-1733).

Beispiel 234: Johann Sebastian Bach (1685-1750).

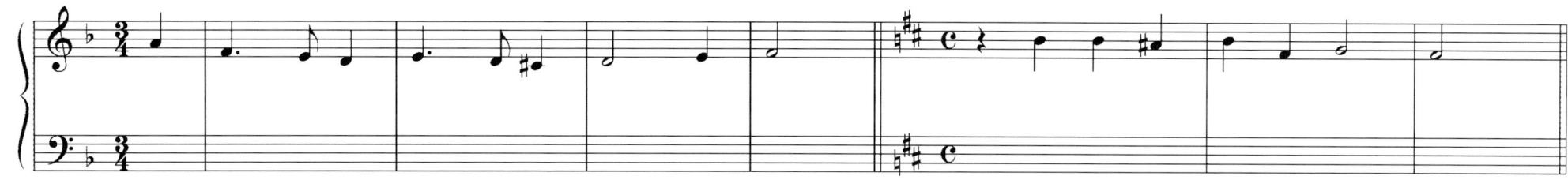

Beispiel 235: Georg Böhm (1661-1733).

Beispiel 236: Johann Caspar Ferdinand Fischer (1670-1746).

Die Sonatenhauptsatzform – Die Exposition

Der Begriff der Sonate (lat. sonare = klingen) ist seit dem 16. Jahrhundert bekannt.
Er beschreibt ein Instrumentalstück ohne festgelegte Form.

Der Inhalt der Sonate hat sich im Laufe der Jahrhunderte grundlegend gewandelt. Die Sonate der Klassik und der Romantik stellt eine Formidee dar, die jeder Komponist anders zu erfüllen suchte. In der Klassik hat sich das Interesse der Komponisten an der Orgel verloren. Die klassische Sonate, die untrennbar mit dem Klavier verbunden ist, hatte großen Einfluss auf die Orgelsonate und die Orgelsymphonie der Romantik. Sie umfasst drei oder auch vier Sätze. Meist ist der erste Satz der Sonate nach der Sonatenform gestaltet.

Die Sonatenform gliedert sich in die Formteile:
Exposition – Durchführung – Reprise – Coda.

Die Spannung, die in der Sonatenform ausgetragen wird, beruht auf dem Gegensatz zweier Themen, die in der Exposition auf zwei verschiedenen harmonischen Ebenen gegenübergestellt werden.

Das musikalische Geschehen in der Exposition lässt sich in drei Vorgänge einteilen:
Hauptthema (Thema 1) – Seitenthema (Thema 2) – Schlussgruppe (Epilog).

134

Die Themen

Übung 131 Spielen Sie die drei Hauptthemen und die dazugehörigen Seitenthemen auf dem Klavier (und auf der Orgel).

Beispiel 237: Das Hauptthema des ersten Satzes aus der Sonate C-Dur, Op. 55 Nr. 1 von Friedrich Kuhlau (1786-1832).

Beispiel 238: Das Seitenthema des ersten Satzes aus der Sonatine Op. 55 Nr. 1.

Beispiel 239: Das Hauptthema des ersten Satzes aus der Sonatine G-Dur, Op. 36 Nr. 2 von Muzio Clementi (1752-1832).

Beispiel 240: Das Seitenthema des ersten Satzes aus der Sonatine G-Dur, Op. 36 Nr. 2.

Beispiel 241: Das Hauptthema des ersten Satzes aus der Sonatine F-Dur, Op. 151 Nr. 3 von Anton Diabelli (1781-1858).

Beispiel 242: Das Seitenthema des ersten Satzes aus der Sonatine Op. 151 Nr. 3.

Die Beziehung der beiden Themen

Die Sonatenform setzt das Hauptthema auf der tonalen Ebene der Tonika in Beziehung zum Seitenthema, das sich auf der Domionantebene bewegt.

Die beiden Themen können in ihrer Gegensätzlichkeit ohne verbindenden Gedanken gegenübergestellt werden.

Übung 132   *Bringen Sie das Hauptthema und das Seitenthema in Beziehung. Überbrücken Sie die fehlenden Zählzeiten des Schlusstaktes mit der Bewegung des Hauptthemas oder des Seitenthemas.*

Beispiel 243: Die Viertelbewegung des Hauptthemas wird benutzt, um den Takt zwischen den Themen zu überbrücken.

Beispiel 244: Die Begleitung des Seitenthemas wird benutzt, um den Takt zwischen den Themen zu überbrücken.

In der Regel endet das Hauptthema   – auf der Tonika (Ganzschluss) oder
                                       – auf der Dominante (Halbschluss) oder
                                       – auf der Doppeldominante.

Übung 133   Lassen Sie die Hauptthemen von Beispiel 237, Beispiel 239 und Beispiel 241 auf der Tonika, der Dominante und der Doppeldominante enden.

Beispiel 245: Das Hauptthema von Beispiel 237 endet auf der Tonika.

Beispiel 246: Das Hauptthema von Beispiel 237 endet auf der Doppeldominante.

Die Überleitung

Während das Hauptthema in der Ausgangstonart steht, bewegt sich das Seitenthema bei einer Durtonika in der Dominanttonart. Steht die Sonate in Moll, so erscheint das Seitenthema in der Tonart der Tonikaparallele. Die Dynamik der Sonatenform entwickelt sich durch den Versuch, die Gegensätze der beiden Themen zu überbrücken.

Die Überleitung vermittelt zwischen den beiden Themen.

Sie kann eine solche Ausdehnung erreichen, dass von einem Vermittlungssatz gesprochen wird. Eine sehr kurze Überleitung ist bei Kuhlau in der Sonatine Op. 55 Nr. 1 zu finden:

Beispiel 247: Die Überleitung vom Hauptthema zum Seitenthema.

Die Überleitung durchschreitet stufenweise den Raum des Dominantakkordes G-Dur. Durch das Auftauchen des Kreuzes vor dem Ton f" wird die Dominanttonart G-Dur vorbereitet.

Übung 134 *Leiten Sie knapp (einen Takt) vom Hauptthema zum Seitenthema über. Das Seitenthema kann stufenweise oder als Akkordbrechung oder motivisch erreicht werden.*

Beispiel 248: Das Seitenthema von Beispiel 238 wird stufenweise erreicht.

Beispiel 249: Das Seitenthema von Beispiel 238 wird mit einer Akkordbrechung erreicht.

Beispiel 250: Das Seitenthema von Beispiel 238 wird mit einem Motiv aus dem Themenkopf des Hauptthemas erreicht.

Die Schlussgruppe

Die Schlussgruppe trägt die „aufgeheizte" Stimmung, die sich aus dem Konflikt der beiden Themen ergeben hat, weiter. Da das zweite Thema das letzte Wort in der Exposition hat, endet es in der Regel in der Dominanttonart. Während bei groß angelegten Sonaten die Themen in der Schlussgruppe nochmals zur Sprache kommen können, besteht bei kleinen Sonaten (Sonatinen) die Schlussgruppe aus kadenziellen Abläufen, welche die neu erreichte Dominanttonart festigen, um mit neuer Kraft von vorne in der Ausgangstonart zu beginnen.

Die Schlussgruppe ist der letzte, innehaltende Teil der Sonatenexposition.

Übung 135   Spielen Sie die Schlussgruppe der Sonatinen von Clementi, Kuhlau und Diabelli.

Beispiel 251: Die Schlussgruppe aus dem ersten Satz der Sonatine Nr. 4 Op. 36 von Muzio Clementi.

Beispiel 252: Die Schlussgruppe aus der Sonatine Nr. 2, Op. 55 von Friedrich Kuhlau.

Beispiel 253: Die Schlussgruppe aus der Sonatine Nr. 3, Op. 151 von Antonio Diabelli.

Übung 136   Führen Sie die Beispiele 251 bis 253 auf das harmonische Grundgerüst zurück.

Beispiel 254: Die Schlussgruppe von Beispiel 251 wird auf das harmonische Grundgerüst zurückgeführt.

Die Schlussgruppe bewegt sich im harmonischen Feld der Dominante. Als Ersatz für einen kadenziellen Ablauf, der alle Töne der Tonleiter beinhaltet, wird in der Oberstimme der Oktavraum zwischen den Dominanttönen (c2 und c3) durchschritten. Der Hörer hört als Bestätigung für die erreichte Dominanttonart alle Töne der Dominanttonleiter.

Übung 137   Nehmen Sie das harmonische Grundgerüst zur Grundlage, um in der gleichen Art eine Schlussgruppe zu improvisieren. Suchen Sie Möglichkeiten, in unterschied-
lichen Formen den Oktavraum zu durchschreiten. Zielen Sie mit der melodischen Bewegung der Oberstimme auf die Töne des Dominantdreiklanges. Überneh-
men Sie die Unterstimme des Originals.

Beispiel 255: Der Oktavraum der Oberstimme wird in
anderer Form durchschritten.

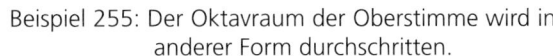

Beispiel 256: Die Unterstimme des Originals wird übernommen.

Beispiel(e) 257: Weitere Möglichkeiten, den Oktavraum in der Oberstimme zu durchschreiten.

Übung 138   Machen Sie sich in gleicher Weise die Schlussgruppe von Beispiel 252 und Beispiel 253 zunutze.

Die Exposition im Zusammenhang

Übung 139   Improvisieren Sie die Exposition einer klassischen Sonate (Sonatine). Lassen Sie sich von folgendem Formplan führen:

Hauptthema – Überleitung – Seitenthema – Schlussgruppe

Beispiel 258: Die Exposition einer Sonate (Sonatine) im klassischen Stil.

Der Ausblick

Die Improvisationsschule hat in die wichtigsten Formen der Orgelmusik eingeführt. Ausgangspunkt waren die Drei-klänge, die sich über der Tonleiter ergeben. Ihre Anwendung wurde im Sinne der durmolltonalen Harmonielehre aufge-zeigt. Es wurden vor allem die harmonischen Abläufe (Kadenz, Sequenz, Zwischendominanten) dargestellt, die sich im Laufe der Musikepochen als formbildend entwickelt haben.

Um bei der Analyse einer Komposition die harmonischen Vorgänge klarer zu erkennen, stehen alle harmonischen Abläufe in der „Grundstellung". Die Umkehrungen und charakteristischen Dissonanzen, die als Verfeinerung des Satzes angesehen werden, und zeitgenössische Techniken werden im folgenden Band behandelt.

Soli Deo Gloria

Literaturverzeichnis

Amon, Reinhard. 2005. *Lexikon der Harmonielehre*. Wien – München. Doblinger Metzler.

Bach, Johann Sebastian. *The Complete Organ Works, Vol. IV: Six Organ Sonatas and Six Preludes and Fugues, BWV 531 - 536*. New York. Lea Pocket Scores.

Bauer, Siegfried. 1996. *Probieren & Studieren. Lehrbuch zur Grundausbildung in der evangelischen Kirchenmusik*. München. Strube.

Bischöfe Deutschlands und Österreichs und der Bistümer Bozen-Brixen und Lüttich. 1975. *Gotteslob. Katholisches Gebet- und Gesangbuch*. Stuttgart. Katholische Bibelanstalt.

Böhm, Georg. 1986. *Sämtliche Orgelwerke*. Wiesbaden. Breitkopf & Härtel.

Dachs - Söhner 1982 (1953). *Harmonielehre. Erster Teil*. München. Kösel.

De Gruijtters, Joannes. 1971 (1746). *De Gruijters Beiaardboek*. Amsterdam. Broekmans & van Poppel.

Evangelische Landeskirche in Württemberg. 1996. *Evangelisches Gesangbuch*. Stuttgart. Gesangbuchverlag.

Fischer (ca. 1670-1746). Johann Caspar Ferdinand. 1956. *Musikalischer Blumenstrauß*. Altötting. Coppenrath.

Grabner, Hermann. 1977 (1967). *Handbuch der funktionellen Harmonielehre*. Regensburg. Bosse.

Gümbel, Martin. 1979 (1968). *Studium musicale. Arbeitsblätter zur Tonsatzlehre*. Rohrdorf. Rohrdorfer Musikverlag.

Kemenes, András. *Sonatinen & alte Tänze. Band I - IV*. Königswinter. Tandem.

Kobrich, (1714-1791), Johann Anton. 1991. *Figuralische Choral - Zierde*. Altötting. Coppenrath.

Krämer, Thomas. 1991. *Harmonielehre im Selbststudium*. Wiesbaden. Breitkopf & Härtel.

Kühn, Clemens. 1998 (1997). *Formenlehre der Musik*. Kassel. Bärenreiter.

Lemacher - Schröder. 1974. *Harmonielehre*. Gerig. Köln.

Leyding, Georg Dietrich. 1984. *Sämtliche Orgelwerke*. Wiesbaden. Breitkopf & Härtel.

Lübeck, Vincent. 1973. *Sämtliche Orgelwerke*. Wiesbaden. Breitkopf & Härtel.

Maichelbeck, (1702-1750), Franz Anton. 1980 (1738). *Praeludien, Fugen und Versetten. Op. II, No. 3*. Mainz. Schott.

Maler, Wilhelm. 1975 (1931). *Beitrag zur durmolltonalen Harmonielehre*. München – Leipzig. F. E. Leuckart.

Michels, Ulrich. 1998 (1985). *dtv-Atlas zur Musik. Band I / II*. Kassel. Bärenreiter.

Murschhauser, (1663-1738), Franz Xaver Anton. 1961. *Octi - Tonium Novum Organicum*. Altötting. Coppenrath.

Musch, Hans (Hrsg.). 1993 (1975). *Musik im Gottesdienst. Band I / II*. Regensburg. Bosse.

Naus (um 1690-1764), Johann Xaver. 1983. *Die spielende Muse*. Altötting. Coppenrath.

Salmen, Walter, und Schneider, Norbert J. 1987. *Der musikalische Satz. Ein Handbuch zum Lernen und Lehren*. Innsbruck. Helbling.

Seiffert, Max. 1994. Johann Pachelbel. *Organ works I*. Mineola. Dover.

Simon, (1701-1776), Johann Caspar. 1964. *Vierzehn leichte Praeludien und Fugen*. Mainz. Schott.

Stockmeier, Wolfgang. 1996. *Musikalische Formprinzipien*. Laaber. Laaber.

Trompke, Josef. 2003. Tonsatz. *Lehrbuch und Übungen in historischen Satztechniken*. Estenfeld. Selbstverlag.

Walther, Johann Gottfried. 1953 (1732). *Musikalisches Lexikon oder musikalische Bibliothek*. Faksimile-Nachdruck. Kassel – Basel. Bärenreiter.

Stichwortverzeichnis